Gütersloher Taschenbücher / Siebenstern 1294

Milan Machovec
Horst Georg Pöhlmann

Gibt es einen Gott?

Ein Atheist und ein Christ
im Streitgespräch

Gütersloher Verlagshaus
Gerd Mohn

Originalausgabe

CIP-Titelaufnahme der Deutschen Bibliothek
Machoveč, Milan: Gibt es einen Gott?: Ein Atheist und ein Christ im Streitgespräch / Milan Machovec; Horst Georg Pöhlmann. – Gütersloh: Gütersloher Verl.-Haus Mohn, 1990
(Gütersloher Taschenbücher Siebenstern; 1294)
ISBN 3-579-01294-0
NE: Pöhlmann, Horst Georg; GT

ISBN 3-579-01294-0

Umschlaggestaltung: Dieter Rehder, B-Kelmis
Gesamtherstellung: Clausen & Bosse, Leck
Printed in Germany

Vorwort

Anlaß dieses Streitgespräches waren die regelmäßigen Zusammenkünfte, wenn Horst Georg Pöhlmann die Beiträge der Hilfsaktion eines westdeutschen und schweizerischen Freundeskreises Milan Machovec überbrachte: in Praxis umgesetzter christlich-marxistischer Dialog.

Humanistischer Atheismus und Christentum. So nahe sind sie sich noch nie gewesen! Die offene und freundschaftliche Gesprächssituation offenbart die substantielle Verwandschaft: Beide haben einen Begriff von Transzendenz, mit dem gedeutet wird, was unser endliches Leben trägt – das Unverfügbare jenseits unseres Wollens und Tuns. Trotz alledem sind sie oft scharf aneinandergeraten und wollten nicht um den Brei herumreden, was vom Thema her auch nicht anders sein kann.

Die beiden ersten Gesprächsprotokolle stammen aus dem Jahre 1988, das letzte vom Anfang des Jahres 1990, also nach der Revolution. Was erhofft wurde, war plötzlich realisiert. Entsprechend hat sich die Position Machovecs verändert: Ging es 1988 noch um systemimmanente Erneuerung des Marxismus (»Sozialismus mit menschlichem Antlitz«), so steht 1990 die Erneuerung im Sinne einer pluralistischen Demokratie zur Debatte. Der Marxismus ist seiner Fraglosigkeit beraubt.

Ein Dokument des »block-überschreitenden« Dialogs – jetzt, wo die Blöcke zerbröckeln, von aufregender Aktualität: Was zuvor nur heimlich geschehen konnte, vollzieht sich jetzt in aller Öffentlichkeit.

Der Verlag

Gespräch am 3. Juli 1988 in Prag

Die drei Stufen des Atheismus

Pöhlmann: Du hast dich, Milan, in deinen Atheismusstudien immer für einen dialogischen Atheismus stark gemacht, der den theoretischen und naiven Atheismus alter Art ablösen soll. Kannst du dieses neue Konzept des Atheismus, das mich als Theologen sehr interessiert, nochmals näher erläutern?

Machovec: Ich befaßte mich seit den 50er Jahren mit dem Wesen des Atheismus. Vor allem habe ich damals – und meine Meinung hat sich in diesem Punkt nicht geändert – drei Stufen oder Arten von Atheismus unterschieden. Als die erste Stufe des Atheismus bezeichnete ich den naiven oder vulgären Atheismus. Es ist der Atheismus der Gedankenlosigkeit, der eigentlich geschichtlich, individuell und moralisch unter dem Niveau der Religion steht; ein Atheismus, der die sogenannten letzten oder die höchsten Fragen der Menschheit, die Frage nach dem Sinn des Lebens, die Frage nach der Moral, die Frage nach dem Bösen usw. ausblendet. Ein Atheismus, der solche Fragen einfach ignoriert oder überhaupt nicht kennt. Es handelt sich um Menschen, die geistig unterentwickelt oder noch nicht voll entwickelt sind, Menschen, die sich selber entfremdet sind, Menschen im Infantilstadium, die unreflektiert leben, die in den Tag hinein leben und nicht über den Tag hinaus denken.

Pöhlmann: Menschen also, die nicht über ihren Tellerrand hinaus schauen, die keine übergreifenden Ziele haben, sondern nur noch konsumieren, die eindimensional sind und ihre zweite, geistige Dimension verkümmern lassen.

Machovec: Ja, Menschen, die nicht mehr bewußt leben, sondern im Dämmerzustand des Sattseins dahinvegetieren. Solche Menschen gab es am Anfang der Menschheitsgeschichte, es gibt sie aber vor allem heute zu Hunderttausenden und Millionen, wenn sie zurückfallen auf die Infantilstufe der Menschheit. Diese erste Stufe des vulgären, primitiven und undialogischen Atheismus muß überwunden werden.

Pöhlmann: Wir Theologen nennen diesen Atheismus den praktischen oder stillschweigenden Atheismus, der ohne Gott auskommt und ihn nicht eigens bestreitet, der nicht Gott, sondern dessen Brauchbarkeit in Abrede stellt. Der Gott nicht einmal die Ehre antut, ihn zu verneinen, für den Gott einfach kein Thema mehr ist und der ihn daher nur noch in Unmuts- und Verlegenheitsformeln nennt (»O Gott, o Gott«, »Herr Gott nochmal«, »Ach, Gott«). Die Belanglosigkeitserklärung des Glaubens, die ihn im Grunde viel härter trifft als seine Verneinung.

Machovec: So sieht's der Theologe. Aber du hast den »praktischen« Atheismus richtig beschrieben. Dieser Atheismus wird nicht theoretisch reflektiert, er ist mehr eine Art Lebensstil. Er ist m. E. die Vorstufe des Überzeugungsatheismus. Diese zweite Stufe des Atheismus nannte ich in meinen Studien auch den kämpferischen oder »prometheischen«[1] Atheismus. Das ist der Atheismus, der in der Blütezeit der Religionen entstand und die Schwachpunkte in den verschiedenen Religionen von den asiatischen bis zum Judentum, Christentum und Islam offenlegte, theoretisch als auch praktisch. Ironisch ausgedrückt, er lebt von den Sünden der Pfarrer, Bischöfe und der Päpste, natürlich auch von den Denkfehlern und Denkschwächen der Theologen. Er findet Inkonsequenzen in den theologischen Systemen oder idealistischen Weltanschauungen und Lebensauffassungen. Das ist der polemische Atheismus.

1. Prometheus, eine griechische Sagengestalt, brachte den Menschen das Feuer und wurde dafür von Zeus bestraft.

Pöhlmann: Oder der dezidierte,[2]
Machovec: der dezidierte Atheismus,
Pöhlmann: der wissenschaftliche Atheismus.
Machovec: Ja und nein, manchmal wissenschaftlich, manchmal nicht. Der Atheismus der Hedoniker[3] und Epikuräer[4] in der Antike, der mit ihm gemeint ist, aber auch der der Aufklärung war oft mit der Wissenschaft verbunden, aber nicht immer. Er verfolgte auch politische Ziele. Der sogenannte freidenkerische Atheismus hat sehr viel von Wissenschaft gesprochen, ohne wissenschaftliches Niveau zu haben; eine Ausnahme war vielleicht Ernst Haeckel[5]. Aber die meisten Freidenker waren keine großen Denker, sie machten Polemik, keinen Dialog und suchten die schwachen Stellen der Religion. Man meinte, daß man selbst alleine im Besitz der Wahrheit ist und der andere voll von Irrtümern und Dummheiten. Bekannt ist der Ausspruch: Die Religion entstand, als der Schurke, Schwindler und Betrüger einem Dummen begegnete. Religion war in ihrem Religionszynismus nichts anderes als Volksverdummung.
Pöhlmann: Was sie leider wirklich nicht selten war.
Machovec: Die dritte Stufe ist der nachreligiöse, dialogische Atheismus. Er entwickelte sich viel später in der Geschichte, als man die letzten Fragen nach dem Sinn, nach dem Bösen, nach dem Gewissen, nach der Moral, nach dem Nächsten akzeptierte und in die Mitte rückte. Das ist der Atheismus, der auf dem Niveau oder über dem Niveau der Theologie und Religion steht. Er will die Religion nach der hegelianisch-urmarxi-

2. entschieden, kurz entschlossen (vom lat. decidere – abhauen, kurz abmachen).
3. Anhänger des Hedonismus, für den die Lust (griech. hedoné) Ziel und Grundwert des Lebens ist.
4. Anhänger des griech. Philosophen Epikur († 270 v. Chr.).
5. † 1919. Er schrieb den berühmten Bestseller »Die Welträtsel« (1899).

stischen Manier zwar negieren, aber dialektisch negieren, d. h. alle positiven Aspekte der Religion, z. B. die Liebe zum Nächsten und die Pflege des Nächsten, sowie das Positive in der Pfarrerrolle übernehmen und noch viel radikaler und praktischer verwirklichen. Das ist die Konzeption des ursprünglichen marxistischen Atheismus, wie wir ihn bei Marx finden, leider nicht aber bei den meisten Marxisten des 20sten Jahrhunderts. Denker wie Ernst Bloch oder Erich Fromm vertreten diesen dialogischen Atheismus. Das sind Menschen mit marxistischer Provenienz, für die Religion nicht einfach Dummheit ist, sondern eine Summe von schöpferischen anthropologischen Selbstverwirklichungsformen.

Pöhlmann: Dieser inklusive Atheismus versteht sich im Gegensatz zum exklusiv-polemischen nicht als Gegner der Religion, sondern als ihr Erbe und Nachfolger.

Machovec: So ist es.

Pöhlmann: Er sieht in der Religion – wie es scheint – eine Leiter, über die er hinaussteigt und die er, wenn er auf dem Dach ist, dann auch wegwirft.

Machovec: Nicht wegwirft.

Pöhlmann: Gut, die Leiter wird von diesem dialogischen Atheismus bejaht, weil sie eine positive Rolle für die Entwicklung des Menschen und der Menschheit spielt, sosehr man sie später nicht mehr braucht. Oder wollt ihr sie doch am Dach festmachen, um notfalls wieder auf ihr herunterzusteigen, falls es oben zu windig wird?

Machovec: Eine Leiter hat nicht den Zweck, auf ihr stehen zu bleiben, sondern in die Höhe zu kommen.

Pöhlmann: Ans Ziel zu kommen.

Du sagtest ja einmal, der dialogische Atheismus bejaht die Religion, weil sich in ihr die Sinnfrage versteckt. Die Religion – meintest du – ist die Sinnfrage im mythologischen Gewand, der Marxismus ist die Sinnfrage ohne dieses mythologische Gewand. Könntest du erläutern, wie diese für einen Theologen brisante These gemeint ist?

Machovec: Jawohl. Du konzentrierst die Sache sehr gut auf die Sinnfrage, denn sie verbindet uns und muß uns verbinden. Wir können streiten, wir müssen streiten, aber eigentlich sind wir in diesem Streit nicht Gegner, sondern Brüder, wenn wir echte Christen und echte Marxisten sind, die sich auf dem Niveau ihrer Weltanschauung bewegen, demokratisch leben und gegen die stalinistische Perversion des Marxismus kämpfen. Diese authentischen, humanistischen Marxisten stellen die Sinnfrage, die uns mit den aufgeschlossenen Theologen eint. Unser Bild des Kosmos ist nicht eine Summe von Absurditäten, wir suchen das Sinnvolle im Kosmos, im Leben und in der menschlichen Geschichte. Marxismus geht nicht in Ökonomie auf, er fragt über die Welt hinaus. Und wenn viele protestantische und katholische Theologen sagen: Gott ist kein Greis mit einem Bart und kein Fernsteuermann, der alles providentiell lenkt, sondern Gott ist der Sinn des Seins, das letzte Woher, Wohin und Warum, die letzte Frage an den Menschen, warum um Gottes willen sollten wir dies ablehnen? Wir Marxisten kennen doch auch diese Frage. Wir suchen doch auch den Sinn, der Marxismus will nicht den Sinn aus dem Leben ausblenden, als ginge es hier nur um den Zweck, sondern er will ganz umgekehrt jedem Leben Sinn geben oder bei jedem Menschen Sinn suchen und finden. In dieser Sinnsuche sind wir nicht Gegner, sondern Partner. Kämpfer für den Sinn in einer eindimensionalen Welt.

Pöhlmann: Du hast ja einmal in einem Aufsatz sogar behauptet, der heutige Mensch braucht eine Transzendenz[6] angesichts der Sinnlosigkeit seines Lebens. Geht's hier also nicht im Grunde um einen Streit um Worte: Wir Christen nennen die Transzendenz Gott, du nennst sie letzter Sinn. Du hast sie ja auch einmal Ideales Ich oder das Woher meines Umgetriebenseins oder die absolute, absolut wahre, schöne und gute Zukunft genannt. Meinen wir hier nicht mit verschiedenen Worten dasselbe?

Machovec: Na ja, so zugespitzt kann ich das Problem nicht formulieren. Ich habe nichts gegen Gott, wenn er ein anderes Wort für die Sinnfrage ist, aber ich brauche keinen Gott, um nach dem Sinn zu fragen. Gott ist ja, wie ich sagte, die Sinnfrage im mythologischen Gewand, ich stelle sie aber lieber ohne mythologisches Gewand, also unverschleiert und unverhüllt und offen.

Pöhlmann: Umgekehrt ist Gott für mich viel mehr als nur der Sinn des Lebens, sosehr er das auch ist. Die Bibel sieht in Gott Grund und Ziel der Welt. »Von ihm und durch ihn und zu ihm sind alle Dinge«, sagt Paulus (Röm. 11,36). Zum Grund und Ziel der Welt kann man freilich nicht beten, nur zu einer Person. Zum Sinn des Lebens kann man nicht beten.

Der gemeinsame Glaube an eine Transzendenz

Machovec: Bleiben wir doch zunächst beim Transzendenzbegriff, der sich vielleicht besser als der Sinnbegriff als Brückenbegriff der Verständigung eignet zwischen meiner atheistischen und deiner christlichen Position. Wenn ich diesen theologischen Zentralbegriff in meinen dialogischen Atheismus übernommen habe, war es mir nicht nur um einen Verfremdungs-

6. Etwas die Welt Übersteigendes (vom lat. transcendere – übersteigen), die Jenseitigkeit, Andersartigkeit.

effekt oder einen Kuhnschen Paradigmenwechsel[7] zu tun, sondern es ging mir darum: Nur wenn man einen letzten Halt hat, kann man dem Absurden trotzen, nur wenn man was hat, das die Welt überschreitet, wird man frei von der Welt – Transzendenz kommt ja von dem lateinischen Wort transcendere = überschreiten. Oder man könnte auch sagen: Ohne Transzendenz versinkt und versackt und verflacht alles.

Pöhlmann: Der Theologe Paul Tillich meinte ja, Gott ist die Tiefe meines Lebens, er begegnet mir dort, wo es tief ist und nicht flach und seicht.

Machovec: Der Mensch kann nicht ohne Transzendenz leben, er hört auf, Mensch zu sein, wenn er sich nicht ständig selber überschreitet und nicht ständig selber überholt in Hoffnung auf einen neuen Morgen. Der Mensch kann nicht würdig leben, ohne etwas Höheres zu suchen, ohne etwas Höheres, das mehr ist als er selbst.

Pöhlmann: Also ist nicht der »*Mensch*« »das höchste Wesen für den Menschen«, wie Marx mit Feuerbach[8] meinte, sondern etwas anderes ist dieses Höchste. Er meinte ja, nicht Gott, der Mensch ist das höchste Wesen für den Menschen und der neue Drehpunkt der Welt.

Machovec: Der Mensch kommt paradoxerweise nicht zu sich, wenn er nicht von sich weg strebt. Das gilt für die echten Christen wie für die echten Marxisten, für jeden echten Humanisten. Schon Aristoteles wußte, daß der Mensch fähig ist, etwas, was ewig ist, zu suchen. Aristoteles betonte immer wieder, daß wir, auch wenn wir nicht unsterblich sind, doch nach der Unsterblichkeit streben müssen. Wir müssen etwas suchen, was uns überlebt. Die Fragen, die überdauern, dauern länger als das menschliche Individuum. Viel mächtiger bricht dieses Fragen im Judentum auf, in den großen Fragen des Mose und des Jesaja. Diese Suche nach Transzendenz ist übermächtig bei Je-

7. Auswechslung der Begriffssysteme.
8. Philosoph 1804–1872

sus, Paulus und Augustinus. Marx ist für mich die neuzeitliche Form der Suche nach der Transzendenz, nach dem besseren Morgen.

Pöhlmann: Marx als Transzendenzsucher, das überrascht mich. Er hat doch die religiöse Vertröstung des Menschen auf ein Jenseits, das ihn von seinen Diesseitsaufgaben ablenkt, gerade bekämpft. Er sagt doch einmal: »Die Aufhebung der Religion als des illusorischen Glücks des Volkes ist die Forderung seines wirklichen Glücks«. Wenn der Mensch real glücklich ist, bedarf er nicht mehr eines eingebildeten Glücks.

Machovec: Aber dieses wirkliche Glück überbietet total das Diesseits.

Pöhlmann: Wie ja auch der von Marx beeinflußte Philosoph Max Horkheimer sagen konnte, der Mensch ersehnt das »ganz Andere«, nicht die Verdoppelung seiner Wirklichkeit – er erhofft »Ewigkeit«, »unendliche Liebe« und »universale Gerechtigkeit«. Der Gottesglaube wird freilich von Horkheimer als Motor auf dem Wege zur ganz anderen Welt bejaht. Religion ist für den Marxisten Horkheimer diese »Sehnsucht nach dem ganz Anderen«, nicht nur »Seufzer der bedrängten Kreatur« wie für Karl Marx.

Machovec: Gewiß, die bessere Zukunft wird nach Karl Marx ohne Gott geschaffen und gegen die Religion, nicht von ihr, weil Religion das Elend stabilisiert, nicht überwindet.

Pöhlmann: Trotzdem sprichst du bei Marx von Transzendenzsuche.

Machovec: Es handelt sich sicher bei ihm um keine religiöse, sondern eine säkularisierte Transzendenzsuche, um keine Suche nach Transzendenz im Jenseits, sondern im Diesseits. Man kann es die kommunistische Zukunft nennen oder den totalen Humanismus, also die Beseitigung der Entfremdung des Menschen.

Pöhlmann: Also die absolute Zukunft, die ja für den Theologen Karl Rahner Gott selber ist.

Machovec: Die absolut schöne, wahre und gute Zukunft, und zwar eben die *absolut* schöne, wahre und gute, nicht nur die relativ schöne, wahre und gute Zukunft. Die Verwirklichung aller menschlichen Möglichkeiten und Fähigkeiten, die voll entfaltet werden sollen. Das sind natürlich nur Hilfsbegriffe. Letztlich suchen wir so etwas wie die Transzendenz des Humanen.

Pöhlmann: Die Menschwerdung des Menschen.

Machovec: Genau, aber diese Menschwerdung des Menschen wurde durch den Gottesglauben und die Religion blockiert, jedenfalls im 19. Jahrhundert, als Marx lebte.

Pöhlmann: Auch durch den Atheismus und Marxismus wurde sie blockiert. Nach christlicher Lehre wurde Gott Mensch, damit der Mensch wieder Mensch wird. Das Christentum ist Humanismus wie der ursprüngliche Marxismus. Oder könnten wir nicht auch sagen, beide eint der Glaube an eine Transzendenz, an eine den status quo überschreitende absolute Zukunft?

Machovec: Sosehr man sie verschieden definiert. Ja, beide – Christen und Marxisten – eint eine eschatologische[9] Grundhaltung, daß der Mensch, wie du schon anfangs sagtest, über den Tellerrand hinausschaut und nicht nur konsumiert und produziert, daß er übergreifende Ziele hat.

Pöhlmann: Die DDR-Schriftstellerin Christa Wolf sprach von der »Himmelsleere« unserer Konsumgesellschaft. Der Feind Nr. 1 ist für uns – denke ich – der Konsumismus, der keine Hoffnungen mehr, sondern nur noch Bedürfnisse kennt, der nur noch auf den Punkt starrt und nicht mehr die große Linie sieht und ein letztes Ziel, der das Letzte mit dem Vorletzten verwechselt, dem der Rinderschmorbraten im Sonderangebot, Borussia Mönchen-Gladbach und ein neues Videogerät wichtiger ist als die Frage nach dem Sinn des Lebens, für den Konsum zum Sinnersatz geworden ist. Ich habe nichts gegen Konsumgüter – eine Linie besteht nun mal aus Punkten, aber ich habe

9. Eschatologie – Lehre von den letzten Dingen (vom griech. eschaton – das Letzte).

etwas dagegen, wenn sie zum Religionsersatz und Gottersatz werden, wenn der Mensch in einer Weise seine Horizonte verkürzt, daß er aufhört, Mensch zu sein, und zur Konsumtermite absinkt, wie es im Konsumismus geschieht, wenn er aufhört Mensch, d. h. Hoffnungswesen zu sein, das sich ständig selbst überholt und wenn er sich zufriedengibt mit dem buntgepinselten Glück.

Machovec: Ich liebe zwar nicht den Begriff Konsumismus, der wohl von Pier Paolo Pasolini stammt. Aber die Sache bejahe ich. Beide, Christen und Marxisten, kämpfen gegen diesen Konsumismus der bunten Sachen, denn er ist die Todesgefahr. Die meisten modernen Menschen leben für Sachen statt für den Menschen. Sie haben das Wichtigste vergessen, den Menschen, der mein Mitmensch ist, den Freund, die Freundschaft, die erotische Liebe, die Mutterliebe, die Vaterliebe, die Professorenliebe zu den Studenten usw. Das alles macht das Leben human, ob wir nun an Gott glauben oder nicht. Dies alles verbindet uns. Ich erinnere mich an einen meiner besten Freunde unter den Kommunisten, meinen fast väterlichen Freund, den italienischen Senator und Mitglied des Zentralkommitees der dortigen kommunistischen Partei, Lucio Lombardo-Radice, der inzwischen gestorben ist. Er hat immer betont, daß das, was die Christen und die Marxisten trennt, weniger ist, als was sie verbindet. Und er sagte, es verbindet uns Christen und Marxisten, daß wir nicht zufrieden sind mit dem Gegebenen, mit dem Konsum, mit dem Stil des Lebens, wo die Menschen nur produzieren, um zu konsumieren, und konsumieren, um zu produzieren, dem sinnlosen Kreislauf des angeblich modernen und angeblich fortschrittlichen heutigen Lebens. Da sind wir beide im vollen Einklang.

Pöhlmann: Warum erwähnst du bei der Liebe, die unserem Leben Sinn gibt und durch die wir es transzendieren[10], nur die Liebe zu Menschen und nicht auch die Liebe zur außermensch-

10. überschreiten

lichen Kreatur? Die Blume am Wegrand, die andere übersehen, weil sie sich dafür nichts kaufen können und vor der ich stehen bleibe und mich an ihr freue, das dürre Ahornblatt, auf das andere treten und das ich aufhebe und staunend gegen die Sonne halte, das Vogelgezwitscher, dem ich innehaltend lausche, der Marienkäfer, den ich über meine Hand laufen lasse. Kann das alles nicht auch meinem Tag einen Sinn geben, wenn ich die Augen und Ohren habe, es wahrzunehmen? Sind die ökologischen Probleme nicht die Quittung auf die falsche These von Feuerbach und Marx, »der *Mensch*« sei »das höchste Wesen für den Menschen«? Dadurch, daß anstelle von Gott der Mensch Mitte und Achse der Welt wurde, wurde er auch sehr schnell der Despot der Natur, statt ihr Partner zu sein. Der Mensch wurde sein eigener Herr, weil er keinen Herrn mehr über sich hatte. Seine Selbstherrlichkeit führte wie von selbst zur Ausbeutung der Natur.

Machovec: Aber hat nicht gerade auch das Christentum den Menschen zur »Krone der Schöpfung« hochgejubelt. Wie verheerend wirkte sich das »Macht euch die Erde untertan« der Bibel (1. Mose 1,28) auf den Umgang mit der Natur aus!

Pöhlmann: Das *falsch verstandene* »Macht euch die Erde untertan«!

Machovec: Marxismus und Christentum haben beide, denke ich, von ihrer Anthropozentrik[11] und ihrem Personalismus her ein ökologisches Defizit.

Pöhlmann: Sicher, doch verficht der Marxismus mit seinem Feuerbachschen[12] Background nicht seinerseits einen flachen Materialismus. »Der Mensch ist, was er ißt«, sagte Feuerbach. Wie kann man von diesen Voraussetzungen her gegen den Konsumismus der Sachen ankämpfen, wie du es machst mit deinem Plädoyer für den Menschen, nicht für Sachen? Ist der

11. Der Mensch als Zentrum
12. Ludwig Feuerbach (1804–1872), der Vater des neuzeitlichen Atheismus.

Mensch nach Marx nicht selber eine Sache, das »Ensemble gesellschaftlicher Verhältnisse« – wie er sagt, und eben kein unverwechselbares Individuum? Der menschenverachtende reale Sozialismus im Ostblock erweist zur Genüge, daß der Mensch hier nicht mehr Subjekt, sondern Objekt ist. Mich überzeugt dein Plädoyer für den Menschen nicht, wenn er nur ein materialistischer »Zellensack« ist, wenn er nur ein Mixtum aus Kalk, Kohlenstoff, Wasserstoff, Sauerstoff und Stickstoff ist, kein Ebenbild Gottes.

Machovec: Das ist ein Requisit aus der Mottenkiste christlicher Polemik, das hier nicht weiterführt. Der Marxismus ist ein Idealismus und von Hegel vorgeprägt, ebenso wie Feuerbach. Das Ideal, das wir erhoffen, ist freilich die bessere Welt, keine Überwelt und Hinterwelt wie im Christentum.

Pöhlmann: Die Transzendenz ist im Diesseits, nicht im Jenseits zu suchen, sagtest du.

Machovec: Ja. Aber habt ihr Christen nicht die Welt aufgespalten in eine Welt und eine Überwelt, so daß nur ein weltfremder Spinner ein Christ sein konnte, nicht aber ein realitätsnaher und diesseitsorientierter Mensch?

Pöhlmann: Dieser Dualismus zwischen den zwei Welten war in der Tat verhängnisvoll, er ist ja durch den leibfeindlichen Platonismus ins Christentum eingedrungen. Doch nach dem biblischen Christentum gibt es nur eine einzige Welt, nicht zwei Welten. Die neue Welt Gottes, die der Christ erhofft, ist keine Welt Nummer 2 und keine Hinter- und Überwelt, sondern die Erneuerung dieser unserer Welt. Der christliche Glaube ist keine Jenseitsdressur, er glaubt an die Erneuerung des Diesseits. Nicht zuletzt die Krankenheilungen Jesu, durch die sich das Reich Gottes schon vorweg ereignet (Mt. 12,18), zeigen, daß die Erlösung die Vollendung der Schöpfung ist und daß sie sich in *dieser* Welt ereignet, nicht in einer Überwelt und Hinterwelt. Gott ist die Mitte und Achse der Welt, nicht jenseits der Welt. Marxisten und Christen unterscheiden sich nicht darin, daß sich die bessere Zukunft, die sie erhoffen, im Diesseits nicht in einem Jenseits realisiert. Sie unterscheiden sich aber darin, *wer* diese bessere Zukunft schafft. Erfahrungsgemäß kann der Mensch nur fragmentarisches Glück, nicht das volle Glück, nur die weniger schlechte Welt, nicht die bessere Welt schaffen. Ihr Marxisten aber meint, dieses volle Glück und diese absolute Zukunft kann der Mensch schaffen. Nach den Erfahrungen der Menschheitsgeschichte kann der Mensch diese bessere Welt, die er erhofft, aber nicht selber schaffen. Diese bessere Welt ist nur zu erhoffen als Widerfahrnis, als Geschenk. Dieses volle Glück, diese absolute Zukunft ist nur zu erhoffen als Eingriff von außen. Religiös ausgedrückt, nur durch Gott. Der gegenwärtige Zusammenbruch des östlichen Zukunftsglaubens und des westlichen Fortschrittglaubens zeigt das überdeutlich nach dem langen Marsch durch die Illusionen, denke ich. Es blieb nur ein Scherbenhaufen betrogener Hoffnungen nach den vielen Versuchen der Menschheitsgeschichte, das totale Glück und das Paradies auf Erden aus eigener Kraft zu schaffen.

Besteht das Heil im Glück?

Machovec: Ich kann alles bejahen, was Du gesagt hast, nur möchte ich eine ganz kleine Korrektur machen. Du sprachst von der Hoffnung auf das volle Glück. Du wirst erstaunt sein, wenn ich sage, die Suche nach dem sogenannten Glück gehört zu den größten Irrtümern des Menschen. Die Menschen, die vor allem Glück suchen, sind dumm und begrenzt. Das hat mein Freund, der Meister der Weisheit, Erich Fromm mir mehrmals persönlich gesagt. Wir müssen der modernen glücksuchenden Menschheit zeigen, daß gerade durch diese Glückssuche die Menschen sehr unglücklich werden. Wir Marxisten suchen nicht in erster Linie das Glück, das machten nur die dummen Propagandisten der Epoche des herrschenden, bürokratischen Zentralismus oder Stalinismus. In ihrer

Kleinkariertheit betonen sie immer, daß die Partei nur das Glück sucht. Echte Marxisten suchen viel mehr, sie suchen die menschliche Tiefe, die menschliche Authentizität, das voll entfaltete Menschentum. Philosophisch gesagt, Glück kann nur Epiphänomen, nicht Phänomen, Zugabe, nicht Wesen des Lebens sein, eine Nebensache, die kommt, wenn wir sie nicht suchen. Wenn wir die Tiefe suchen, stellen sich Erlebnisse des Glückes von selber ein. Wenn wir nach dem Glück suchen, geraten wir in eine Horizontverkürzung. Sonst bin ich ganz deiner Meinung, daß der Mensch die absolute, absolut schöne, wahre und gute Zukunft nicht aus eigener Kraft schaffen kann, auch nicht ein sozialistisches Kollektiv von Menschen kann sie schaffen. Dieses Reich der Freiheit ist freilich für mich kein Reich Gottes, es kommt durch keinen Gott, ich bin selber für dieses Reich verantwortlich und darf diese Verantwortung nicht an ein metaphysisches Phantom abschieben.

Pöhlmann: Mein Gott nimmt mir nicht die Verantwortung ab. Er *ruft* mich in die Verantwortung und gibt mir die Kraft, eine glücklichere Welt zu schaffen, was ich aus eigener Kraft nie könnte.

Doch du hast den Glücksbegriff, mit dem ich das Reich Gottes umschrieben habe, einer harschen Kritik unterzogen. Aber ich denke, wir haben einen verschiedenen Glücksbegriff. Ich habe einen weiteren und du einen engeren. Man sieht wieder, wie sehr man sich mißverstehen kann, weil man unter denselben Begriffen Verschiedenes und unter verschiedenen Begriffen dasselbe meint. Wir brauchen eine neue Glückslehre, denn weder im Sozialismus noch im Christentum wurden die Menschen glücklich. Wir müssen anknüpfen an die Glückssehnsucht, die in jedem Menschen ist, wenn er immer wieder – unzufrieden mit dem erreichten Glück – nach neuem Glück jagt und sich nach einem vollen Glück sehnt, das er diesseits des Todes nie erreicht; wenn er sich also mit dem flachen und billigen Glück nicht zufrieden gibt und ein letztes Glück erhofft. Ich möchte als Theologe weg von dem leib- und lebensfeindlichen Dualismus der Christentumsgeschichte, der die Wirklichkeit in zwei Welten aufgespalten hat, wonach der Christ selig, aber nicht glücklich sein sollte. Ich habe schon darauf hingewiesen, daß dieser Dualismus, der es einem lebensbejahenden Menschen unmöglich machte, ein Christ zu sein, unbiblisch ist, dieser Dualismus zwischen dieser Welt des atemversetzenden Glücks und einer faden Jenseitswelt, wo ich ständig Halleluja singen und mit Palmen wedeln muß. Nach der Bibel ist Seligkeit und Glück dasselbe, wie etwa der alttestamentliche Heilsbegriff Schalom zeigt, der nicht nur die Gnade und den Frieden Gottes, sondern auch das materielle Glück umfaßt. Das Reich Gottes, das wir Christen erhoffen, wird in der Bibel nicht mit übernatürlichen Bildern, sondern mit ganz irdischen Bildern beschrieben, wie mit einer Hochzeit (Matth. 22,1ff.; 25,1ff.), mit einem Festessen (Luk. 14,15ff.), mit dem weltlichen Begriff »Freude« (Matth. 25,21–23), mit ganz diesseitigen Erwartungen: »Gott wird abwischen alle Tränen ..., und der Tod wird nicht mehr sein noch Leid noch Geschrei noch Schmerz ...« (Offbg. 21,4). Kein Wort von seligen Wonnen in einem illusionären Jenseits. Wenn Jesus Blinde sehend und Lahme gehend gemacht hat (Matth. 11,5), was ist das anderes als Glück? Ja, Gott selber ist nichts anderes als das letzte Glück und etwas, was mein Herz schneller schlagen läßt, und überall, wo es schneller schlägt, ist er am Werk.

Machovec: Wenn ich an Gott glauben würde, würde ich sagen, diese Definition Gottes ist ein Ausverkauf zu herabgesetzten Preisen.

Pöhlmann: Für den Propheten Amos ist Gott und »das Gute« dasselbe (Amos 5,4 und 14), ist Gott und das für den Menschen Gute dasselbe. Für Augustinus ist Gott sogar »das höchste Gut« (summum bonum).

Machovec: Das ist doch etwas anderes als Glück. Wenn wir so sehr das Wort Glück betonen, dann spielen wir mit dem Feuer, denn die meisten Menschen verstehen es einfach epikureisch,[13] verstehen es hedonistisch.[14]

Pöhlmann: Im Sinne von Lust.

Machovec: Lust, ja, ja, oder sagen wir Wonne, Fressen und Saufen, Sex, Fernglotzen, Drogen oder solche Irrwege.

Pöhlmann: Ich verstehe. Aber ich störe mich daran, daß du nicht nur das Wort Glück, sondern auch das Wort Lust rein negativ füllst und Lust mit der Gier und Sucht verwechselst. In der Bibel besteht das Heil im Glück und in der Lust. Heil ist dasselbe wie Glück und Lust. Das Heil ist hier nichts Aufgesetztes im Sinne der Jenseitsdressur der christlichen Tradition, sondern etwas, was der Mensch braucht und worauf er Lust hat. Ich habe nicht nur Lust auf ein Mövenpick-Eis, es bereitet mir auch Lust, ein Kirchenlied zu singen, wie wir das immer zu Beginn unserer häuslichen Morgenandacht machen. Es macht mir Freude und ich brauche das, ebenso wie die Stoßgebete, die meinen Tag begleiten, das ständige Gespräch mit Jesus. Das ist für mich keine langweilige Pflichtübung, sondern Bedürfnis, Lust und Freude. Dasselbe gilt für einen schönen Gottesdienst. Der sonst so lustfeindliche Augustinus sagt sogar einmal, man soll »Gott genießen« (frui Deo). Ich wundere mich, daß du als Atheist gegen das Glück und die Lust polemisierst, die ihr uns Christen doch immer vorgeworfen habt, wir würden das Glück und die Lust verbieten und auf die schalen Wonnen eines illusionären Jenseits vertrösten, die ihr uns vorgeworfen habt, Gott sei ein eifersüchtiger Despot, der den Menschen ihr Leben mißgönnt, er sei der »Gegensatzbegriff zum Leben« (Nietzsche). Das Christentum ist eine Glücksreligion, die die Glückshoffnungen des Menschen erfüllen und überbieten will.

Machovec: Habt ihr Angst, daß euch sonst die Leute weglaufen?

13. Vom griech. Philosophen Epikur († 270 v. Chr.), für den die Lust das höchste Gut ist.
14. Im Hedonismus ist die Lust (griech. hedoné) Zielwert.

Pöhlmann: Nein, sondern um der Sache willen. Es geht um das biblische Urzeugnis, das in der Christentumsgeschichte verfälscht wurde. Das ewige Leben *ersetzt* nach der Bibel nicht das irdische Leben, es *vollendet* es. Das ewige Glück, das wir erhoffen, ersetzt nicht das irdische Glück, sondern vollendet es, macht das Fragment zum Ganzen (1. Kor. 13,10–12); und auch das kleine Glück, das wir in unserer intellektuellen Arroganz oft so abschätzig beurteilen, hat seinen bleibenden Wert als Mosaiksteinchen im Ganzen. Es geht nichts verloren von unserem irdischen Glück, sagt Bonhoeffer, alles kommt wieder, wenn auch unendlich viel schöner, frei von aller Selbstsucht und Gier.
Machovec: Aber Glück ist doch in der Alltagssprache etwas anderes, das Lecker-Locker-Leichte und der Konsum der bunten Sachen. Das Christentum ist doch mehr als nur eine Volksbeglückung. So ein Christentum wäre überflüssig, denn Glück kann sich der Mensch auch ohne Gott verschaffen.
Pöhlmann: Genau das bestreite ich, daß der Mensch sich volles Glück selber beschaffen kann. Und die Reduzierung des Lebens auf das bloße Konsumglück des praktischen Atheismus haben wir doch anfangs beide verworfen. Glück ist für mich mehr als nur eine Champagnerlaune. Glück ist für mich mehr als ein Einkaufswagen voll Waren aus dem Supermarkt, für mich ist Glück auch, wenn ein Feind einem anderen vergibt, oder wenn ich mich freue an einem Morgenrot oder an einer Schlüsselblumenwiese, die ich auf einem Spaziergang sehe, oder wenn eine Mutter zum erstenmal nach der Geburt ihr Kind in den Arm nimmt, oder wenn sich zwei Menschen verlieben.
Machovec: Ich kann respektieren, was du sagst und daß du einen breiteren Glücksbegriff hast. Ich verstehe das gut. Was gibt es Größeres als das Glück der Mutter, die ihr Kind nach der Geburt zum erstenmal in den Arm nimmt oder die ihr krankes Kind pflegt. Das gehört zu den Gipfeln der Menschlichkeit. Ich warnte nur vor dem Begriff Glück, weil er zuviel

mißbraucht wird. Die meisten Menschen interpretieren ihn als Lust.
Pöhlmann: Oder sagen wir besser Gier.

Streit um Gott, Streit um Begriffe?

Machovec: Kommen wir zurück zu dem Begriff Gott.
Pöhlmann: Von dem haben wir doch dauernd gesprochen, als wir von Glück sprachen.
Machovec: Es ist unter dem Niveau der Theologie, in Gott ein anderes Wort für Glück zu sehen.
Pöhlmann: Ich meinte, er ist ein anderes Wort für das *letzte* und *volle* Glück. Das ist für mich in der Tat das letzte und volle Glück, nie allein zu sein und einen Freund zu haben, der immer bei mir bleibt, der mit mir durch dick und dünn geht und der wirklich treu bleibt, sogar treu bleibt, wenn ich ihm untreu werde. Ich habe dieses Glück schon in meiner Kindheit in schweren Zeiten im Kriege erfahren dürfen, als wir in größter Not »So nimm denn meine Hände« sangen. Gott ist aber auch das letzte Glück, weil er uns im kleinen Glück begegnet und so das Kleine groß wird. Er ist eben keine Hinterwelt, sondern das »Herz der Welt«, wie Graham Greene sagte. Ein realitätsnaher Mensch könnte andernfalls nicht an ihn glauben, ohne schizophren zu werden. Gerade durch den Dialog mit dem Atheismus haben wir Christen diesen unseligen Dualismus zwischen Diesseits und Jenseits, Wohl und Heil, Glück und Seligkeit überwunden, der Gott zu einem metaphysischen Märchenonkel machte, an den allenfalls Kinder, aber nicht Erwachsene glauben können.
Machovec: Mit dem Begriff Gott ist es ähnlich wie mit dem Glücksbegriff, er ist eine Gummiformel, dehnbar für alles und nichts, eine Leerformel eben, die jeder füllen kann, wie er will, und die man so und so deuten kann, wie nicht zuletzt der atheistisch-christliche Dialog zeigt. Wieviel ideologischer Quark wird in diese Leerformel hineingestopft! Ein zum Erbrechen

überbeanspruchter Begriff, den man – wenn schon – durch andere ersetzen müßte. Wenn wir mit Wittgenstein, Teilhard de Chardin und anderen modernen Philosophen und Theologen den Begriff Gott definieren als Sinn des Lebens oder als die Kraft, die die Evolution des Kosmos vorantreibt oder in ihm alles in der Menschheitsgeschichte erblicken, was auf einen Sinn und ein Ziel ausgerichtet ist, können auch wir Atheisten mit diesem Begriff etwas anfangen. Anders und negativ ausgedrückt: Wenn mit dem Begriff Gott alles gemeint ist, was das Absurde bekämpft, alles, was dem Sinnlosen Sinn gibt, wie Auschwitz, so daß ich Sinnlinien im Sinnlosen entdecke, so daß sich die sinnlosen Punkte zur Linie formieren, dann ist der Streit um Gott in der Tat ein Streit um Worte – wie du vorhin sagtest. Wenn das Wort Gott nichts anderes bedeutet als den Sinn oder das Ziel meines Lebens und des Kosmos, kann ich dieses Wort bis zu einem gewissen Grade bejahen, mindestens hier unter den Fachleuten. Du wirst vielleicht lachen, aber wenn das Wort Gott so zu verstehen ist, könnte ich, der Atheist, den Begriff Gott sogar benützen. Wenn Gott wie für Herbert Braun eine Chiffre ist für das Woher meines Umgetriebenseins, warum sollte ich diese Chiffre nicht benützen? Ich bin doch frei in der Wahl meiner Begriffe. Als freiem Denker ist für mich kein Begriff tabuisiert, auch nicht der Begriff Gott. Trotzdem bin ich vorsichtig und skeptisch. Ich bin frei, diesen – sicher belasteten – Begriff zu verwenden, ich kann, ich muß aber nicht. Ja, in gewisser Hinsicht fühle ich als Atheist sogar so etwas wie eine Sehnsucht nach Gott oder wenn du so willst, nach der höchsten Transzendenz.

Pöhlmann: Ich nenne es Gott, du nennst es Transzendenz[15] oder Woher und Wohin meines Lebens. Wo ist da der Unterschied?

15. Wie oben erläutert, ist Transzendenz das die Welt Übersteigende (vom lat. transcendere – übersteigen), das Übernatürliche, ganz Andere.

Machovec: Der Unterschied zwischen uns
Pöhlmann: ist der, daß diese Transzendenz für mich eine Person ist, daß dieses Woher und Wohin für mich eine Person ist, daß dieser Sinn und dieses Ziel der Welt für mich eine Person ist. Zum Sinn und Ziel kann ich nicht beten, wie ich schon einmal sagte, auch zu einem nebelhaften Woher meines Umgetriebenseins kann ich nicht beten, sosehr das alles Gott *auch* ist und er auch in der Bibel eine nonpersonale Dimension hat. An einen Sinn und ein Ziel kann ich mich auch nicht festhalten, wenn ich einmal sterbe, ebensowenig wie an das Woher meines Umgetriebenseins oder an die Transzendenz.

Ein bloß historischer Unterschied zwischen Atheismus und Christentum?

Machovec: Meinen wir dasselbe, wenn du »Gott« sagst und wenn ich »Woher und Wohin meines Lebens« oder »Transzendenz« sage? Wo ist der Unterschied? Ich meine, der Unterschied ist vor allem ein historischer und geschichtlicher, nicht einer des heutigen Dialogs zwischen modern denkenden Theologen einerseits und humanistischen Marxisten andererseits, zwischen authentischen Christen und authentischen Marxisten, echten Christen und echten Marxisten. Ich möchte mich nochmals energisch distanzieren von dem entarteten Marxismus, unter dem ich selber leiden mußte und der mit dem echten Marxismus nichts zu schaffen hat, von dem Stalinismus und seinem bürokratischen Zentralismus. Denn das war die größte Verfälschung des Sozialismus.
Worin besteht nun der geschichtliche Unterschied zwischen euch und uns? Weil in der Geschichte der Menschheit für uns Marxisten der Begriff Gott zu sehr im Zusammenhang stand mit den unterdrückten Klassen des Proletariats, aber natürlich auch der Sklaven im Altertum, der Menschen, die tief – sagen wir – menschlich gedemütigt wurden – deshalb mußten wir

Atheisten werden. Die leidenden Menschen wurden auf diesen Jenseitsgott und auf ein besseres Jenseits nach dem Tode vertröstet, statt ihr Leid zu beseitigen, ja im Namen dieses Gottes wurden die Menschen ermahnt, geduldig zu leiden, nach dem Tod wird alles besser. Der Gottesglaube stabilisierte so die Unrechtsverhältnisse, statt sie zu verändern, und er lähmte das Engagement. Ja, Gott war oft selbst ein metaphysischer Ausbeuter, der das Ausbeutungssystem sanktionierte. Anders der Gott des genuinen Christentums, das die Sehnsucht nach der Freiheit mit der Sehnsucht nach Erlösung identifiziert, ebenso wie die Sehnsucht nach besserem Leben und nach einem Jenseits, das kein Abseits, sondern die Transzendierung[16] des Diesseits ist. Gott ist für dieses genuin biblische Christentum ein Befreier, kein Unterdrücker und metaphysischer Kapitalist.

Pöhlmann: Es heißt im Neuen Testament nicht: Gott macht uns arm, um reich zu werden, sondern: »er, der reich war, wurde arm«, um uns »durch seine Armut reich« zu machen (2. Kor. 8,9). Dieser Gott wurde Mensch, damit der Mensch wieder Mensch wird, er wurde Welt (Joh. 1,14 Sarx), um die Welt zu vollenden. Wir bleiben mit unseren Hoffnungen also immer in dieser Welt. Jede Verdoppelung der Welt durch eine jenseitige Überwelt würde diese Inkarnation[17] Gottes in Jesus Christus wieder rückgängig machen wollen. Die Vorstellung eines Jenseitsgottes verbietet sich von dieser Inkarnation Gottes im Diesseits her.

Machovec: Trotzdem war Religion – du wirst das nicht bestreiten – oft eine billige Jenseitsvertröstung bis heute, und sie ist oft ein lähmendes und betäubendes Opium gewesen.

Pöhlmann: Nach dem Schriftsteller Peter Rühmkorf war auch der »Sozialismus« eine »Jenseitsvertröstung«. Und ein anderer Schriftsteller, Ernest Hemingway, konnte sagen, die *Revolution* sei ein Opium des Volkes, nicht nur die Religion.

Machovec: Wenn Marx sagt, Religion sei Opium des Volkes,

16. Überschreitung – zum Begriff s. o. Fußnote 6.

17. Fleischwerdung

d. h. ein schöner Traum für den Leidenden, war das ehrlich, nicht zynisch gemeint. Wenn ich nichts besseres in der Not habe, keine echte Hilfe, dann ist der Traum besser als nichts. Aber wenn man dem leidenden, unterdrückten Menschen helfen kann, soll er nicht von einem Jenseits und von einem Gott des Jenseits träumen. Dies und sonst nichts ist Sinn und Ziel des marxistischen Atheismus und der marxistischen Religionskritik, wie sie Marx nannte. D. h. eigentlich fragten der Marxismus und Marx nicht, ob es Gott gibt, sondern wie Gott sich in der Menschheit auswirkt. Dieser Atheismus bestreitet eigentlich nicht Gott, sondern seinen gesellschaftsverändernden Wert. Wenn dieser historische Einwand gegen den Gottesglauben entfällt, entfällt auch der Atheismus.

Pöhlmann: Der Atheismus ist folglich nicht Wesensbestandteil des Marxismus, nicht Substanz, sondern Akzidens[18]. Wenn Gott im Marxismus an seinem Praxiswert gemessen wird, so gilt das übrigens umgekehrt auch vom Christentum, das sich ebensowenig auf Theorien über Gott abstützt, sondern auf die praktische Erfahrung: Ich habe in Gott einen letzten Halt, wo der Boden unter mir schwankt. Als ich einmal gefragt wurde, ich solle in einem einzigen Satz sagen, was das Christentum will, habe ich geantwortet: Christentum heißt, »Meinen Jesum laß ich nicht« singen. Manche Theologen haben damals ihre Nase gerümpft über diese »naive Antwort«. Aber ich denke, wir beide stimmen darin überein, eine Religion und eine Weltanschauung ist so viel und so wenig wert, so viel und so wenig sie sich in der Praxis bewährt. Ich denke, das ist auch ein Lackmustest für unsere eigenen Gedanken in diesem Gespräch.

Ich versuche, aus meiner Sicht eine Zwischenbilanz zu machen: der Gott, den der marxistische Atheismus bekämpft, ist nicht

18. Im Unterschied zur Substanz oder dem Wesen einer Sache ist das Akzidens das, was nicht zum Wesen einer Sache gehört und wegfallen kann, das Zu-fällige (ad + cedere – lat.), das ihr zufällig Zukommende.

der Gott der Bibel, der Mensch wird und sich mit uns Menschen solidarisiert, sondern ein metaphysischer Weihnachtsmann, der die Menschen vertröstet oder gar ein metaphysischer Kapitalist, der die Menschen ausbeutet. Euer atheistischer Pfeil wurde in die blaue Luft geschossen, er trifft uns nicht. Der biblische Gott ist kein jovialer Jupiter, der dem Menschen etwas gibt, um ihn zu beschwichtigen, er ist auch kein eifersüchtiger Konkurrent des Menschen, der ihm alles wegnimmt. Er schenkt ihm alles und sich selber nichts, indem er für ihn ans Kreuz geht. Luther sagt von diesem Gott im Großen Katechismus: »Er hat sich ganz und gar ausgeschüttet und nichts behalten, das er uns nicht gegeben hatte.« Er streut nicht Puderzukker über's Elend, wie Ihr annehmt, er geht ein in unser Elend. Er will es nicht besser haben als wir. Er wird wie wir, macht unsere Sache zu seiner Sache, unsere Not zu seiner Not, in Krippe und Kreuz; ja er tauscht mit uns, gibt uns seine Freude und nimmt dafür unser Leid auf sich, gibt uns seine Freiheit und nimmt dafür unsere Gefangenschaft auf sich, indem er sich gefangennehmen läßt durch die 4 Nägel am Kreuz.

Machovec: Das klingt doch wieder sehr nach Vertröstung.

Pöhlmann: Nein. Denn diese neue Freiheit realisiert sich schon jetzt und hier, wenn auch im Verborgenen und unanschaulich. Nur die Bindung an Gott macht mich frei von der Bindung an die Welt. Wenn er nach dem 1. Gebot mein einziger Herr ist, bin ich frei von allen anderen Herren, bekomme ich eine ironische Distanz zu allem, was Herr sein will und sich als Herrn aufspielt in dieser Welt. Wenn er nach dem 1. Gebot der einzige Gott ist, bin ich frei von anderen Göttern wie von dem Gott Geld, von dem Gott Sicherheit oder von einem Menschen, der mein Gott sein will, oder von einem Zentralkommitee oder einem anderen Nebukadnezer. Wo kein Gott ist, sind Götzen.

Machovec: Das Christentum hat auch sehr oft Götzendienst getrieben.

Pöhlmann: Zugegeben.

Ist die Transzendenz eine Person?

Machovec: Wir wollten ein vorläufiges Resümee ziehen. Wir waren darin einig, daß wir beide eine Transzendenz anerkennen.

Pöhlmann: Etwa in dem Sinne von Viktor Frankl: Die Transzendenz oder Frage nach dem letzten Sinn ist der »Schrittmacher des Seins«. Ohne sie »sackt die Existenz in sich selbst zusammen«. Nur wenn der Mensch »sich selbst transzendiert«, nur wenn er nach vorn ausgerichtet ist, bleibt er aufgerichtet und aufrecht. Frankl identifiziert diese Transzendenz mit Gott. Aber auch du hättest nichts gegen den Begriff »Gott« einzuwenden, wenn er so definiert wird. Ich meinte: Wir unterscheiden uns nicht darin, daß wir eine Transzendenz bejahen, sondern darin, daß sie für mich eine Person ist, für dich aber nicht. Der letzte Sinn, der letzte Grund und das letzte Ziel sind keine Person, mit der ich reden kann und zu der ich beten kann, sondern etwas Unpersönliches.

Oder diese Transzendenz ist deiner Meinung nach keine Person *für sich*, sondern nur eine Relation zwischen zwei menschlichen Personen, die sich lieben und in Liebe transzendieren, ähnlich wie bei Herbert Braun, der sagen konnte, Gott sei nichts anderes als eine Art von Mitmenschlichkeit.

Machovec: Na ja. Es kann doch nicht dein Ernst sein, das Strittige in der Suche nach der Transzendenz auf die Frage zuzuspitzen, ob Gott eine Person ist, mit welcher du sprichst oder nicht. Hier muß ich zum Gegenangriff übergehen mit zwei Antworten. Wenn ich so oft von Theologen höre, Gott ist eine absolute Person oder ein Wesen, das absolut vollkommen ist und von sich selbst stammt – dann weiß ich nicht, ob diese Menschen, die so etwas sagen, wissen, was sie tun. Wenn man da so viele Begriffe kumuliert, Person, absolut, vollkommen, bläst man Gott zu einem Popanz auf, ohne im mindesten etwas zur Klarheit beizutragen.

Pöhlmann: Hier macht man aus dem niedrigen Gott des Neuen

Testaments, der nichts für sich behalten will und alles hergibt, was er hat (Phil. 2,6), einen Hoch-Gott, der an der Spitze einer hierarchischen Gesellschaftspyramide steht und den der Atheismus mit Recht bekämpft hat, einen Gott, der in den Eisregionen der Abstraktion thront und nicht konkret wird.

Machovec: Mit dem Wort Person kann ich freilich schon eher etwas anfangen, wenn es anthropologisch verstanden wird. Sicher, eine Ameise, eine Fliege ist keine Person, sondern nur der Mensch. Von Persönlichkeit sprechen wir bei einer vollentwickelten Person oder einem Genie wie Ludwig van Beethoven oder Karl Marx oder Karl Barth. Das sind aber nur anthropomorphistische[19] Vorstellungen, die sich Gott wie einen Menschen vorstellen und menschliche Merkmale auf Gott übertragen, also unzulängliche Vergleiche. Wir haben keinen anderen Begriff von Person als den von Menschen. Gott ist aber kein Mensch. Wird Gott nicht vermenschlicht, wenn er so einfach als Person bezeichnet wird, wie ein Mensch Person ist? Er ist doch eine andere Person. Handelt es sich also nicht um eine bloße Redewendung? Haben wir eine Vorstellung von diesem Anderssein der göttlichen Person? Ich bin nicht sicher, ob es die katholischen und protestantischen Christen, wenn sie so von Gott als Person sprechen, wirklich anders als anthropomorphistisch denken, sich Gott also wie einen Menschen vorstellen. Deswegen also bleibe ich skeptisch in bezug auf alle theologischen Versuche, so einfach Gott als Person zu definieren.

Pöhlmann: Wenn ich sagte, Gott ist Person, meinte ich natürlich nicht, daß Gott Person ist wie ein Mensch Person ist.

Machovec: Aber woher weißt du, was Person ist, wenn nicht vom Menschen?

Pöhlmann: Ich gebe zu, sich Gott wie eine vergrößerte menschliche Person, wie eine Superperson vorzustellen, kann eine

19. Von Anthropomorphismus – Übertragung menschlicher Eigenschaften auf Gott.

bedrückende Vorstellung sein. Als Kind hatte ich mir Gott zeitweise so vorgestellt. Ich sah ihn vom Fenster des Zimmers meiner Großmutter aus hinter dem Dach des Nachbarhauses als 50 m großen alten Mann mit einem riesigen Gesicht und großen glühenden Feueraugen. Ich hatte immer Angst, seine Astralhand würde nach mir greifen und er würde mich mit seiner Sphärenstimme über den Lautsprecher ansprechen, so daß es alle im Dorf hören. Viele Menschen haben durch so eine Gottesvorstellung ihren Glauben verloren, man denke an Tilmann Mosers Buch »Gottesvergiftung«. Meine kindliche Begegnung mit einem anderen Gott, dem Gott, der kein Supermensch ist, sondern in Jesus ein Mensch wie wir wird, hat mich wohl von dieser Schreckvorstellung befreit. Jesusbilder und eine Thorwaldsen-Jesus-Statue in meinem Elternhaus vermittelten mir dieses andere Gottesbild. Auch hier war das Gesicht, das dieser Jesus hatte, entscheidend. Du weißt ja, das Wort Person, lateinisch persona, geht auf das griechische Wort prosopon zurück, das den Sinn hat von Angesicht, Blick, Auge, Maske, Rolle.

Machovec: Du siehst, wie die Verabsolutierung von Begriffen schaden kann. Man denke an die Scholastik, Zweige der modernen Philosophie, viele Schüler von Heidegger und Husserl, die das Glasperlenspiel mit Begriffen besonders gut beherrschen. Manchmal entstehen so fantastisch schöne und attraktive Sätze, aber dies Gewölbe ist zu rund, um wahr zu sein. Dieses Manipulieren mit Begriffen ist vor allem eine männliche Begabung. Es ist oft nur eine selbstgefällige Spielerei mit den Begriffen, eine typisch deutsche Kunst. Wir Nachbarvölker, wir Tschechen, Holländer, Franzosen sind sehr skeptisch gegenüber dieser deutschen Kunst, mit Begriffen zu spielen und nur in Begriffen zu leben. Ich warne dich vor diesem gefährlichen Spiel mit Begriffen. Wenn es einen Gott gäbe, dann wäre er nicht »Person« oder »Superperson«, er wäre zu groß, um in so einen Begriff hineinzupassen, er würde alle Begriffe sprengen.

Das Ideal-Ich als Transzendenz?

Pöhlmann: Ich weiß, daß Gott alle Begriffe von Gott hinter sich läßt und jeder Begriff ein Begriffskäfig wird, wenn man ihn verabsolutiert und nicht durch andere Begriffe auswechselt, wenn man ihn nicht bloß analog[20] verwendet. Aber, was du Transzendenz nennst, scheint doch auch etwas Personales zu sein, wenn auch keine Person. Etwa, wenn du einmal das ideale Ich oder bessere Ich des Menschen als Zielwert und Richtwert deines Denkens ausgemacht hast. Der Unterschied in unserem Verständnis von Transzendenz besteht offenbar darin, daß die Transzendenz für dich ein Ich, für mich aber ein Du ist, nicht aber darin, daß sie für mich etwas Personales und für dich ein Es ist.

Machovec: Meine Suche nach dem Sinn im Sein, nach der höchsten Transzendenz ist Suche nach etwas Personalem, das Wärme und Geborgenheit gibt, nicht nach einem Es, das kalt ist und kalt läßt. Die Theologen sagen, Gott ist Person oder er ist eine Art von Mitmenschlichkeit.

Pöhlmann: Du suchst das ideale Ich.

Machovec: Ja, aber das Wort Ich ist auch nur ein Hilfsbegriff. Ich könnte auch sagen, die Realität kann Ich werden, kann beseelt und besinnt werden. Meine Suche nach der Transzendenz ist Suche nach der tieferen Person, nach dem Persönlichen im sinnvollen Sein, oder wenn du willst, nach dem tieferen Ich. Ich könnte meine Transzendenz auch so definieren: Gott ist so etwas wie die Ich-Seite des Seins, die personale Seite des Seins, die Seele des Seins, wie die Stoiker sagten.

Pöhlmann: Sind da nicht überraschende Verwandtschaften mit dem Buddhismus unseres japanischen Freundes Takizawa, mit dem wir im Juli 1976 im Prager Narodni Dum eine erregte und leidenschaftliche Diskussion hatten über das, was die Welt im

20. als Vergleich, in Entsprechung, ähnlich-sinnig, nicht gleich-sinnig = univok, nicht ungleichsinnig = äquivok.

Innersten zusammenhält? Er meinte, Gott ist das absolute Ich in mir, das Ideal-Ich in der Tiefe meines Wesens.
Machovec: Ja, Takizawa steht natürlich meiner Auffassung sehr nahe. Doch, wie ich davor warnte, einseitig Sinnsuche als Suche nach Glück zu verstehen, was in der Geschichte millionenfach mißbraucht wurde, so warne ich auch davor, die Sinnsuche einseitig als Ichproblem zu verstehen, wenn wir bedenken, wie die Menschheit am übertriebenen Individualismus krankt.

Das Wir und Du als Transzendenz?

Pöhlmann: Das Wir ist dir mindestens genauso wichtig wie das Ich, die Mitmenschlichkeit, die Transzendenz verstanden als radikale Mitmenschlichkeit, die sich zum Mitmenschen hin transzendiert, das vorbehaltlose Sichöffnen im Dialog.
Machovec: So wie schon Martin Buber zeigte: Das Ich wird erst zum Ich durch das Du. Das Ich kann sich nur entfalten im Dialog mit dem Du, wie du sagtest. Ähnlich wichtig ist für mich der Begriff Wir. Ich meine mit dem Wir aber kein Kollektiv mit seiner Gleichschaltung und seinem Zwang.
Pöhlmann: Du meinst die Gruppe, nicht die Masse oder Menge?
Machovec: Nein. Wie oft ist etwa die Ehe ein Egoismus zu Zweit, ähnlich wie die Familie. Das Wir, in dem der Mensch sich transzendiert, ist für mich weder die Familie oder Gruppe noch ein Arbeitskollektiv,
Pöhlmann: wo man sehr allein bleiben kann,
Machovec: sondern so etwas wie ein Stamm, die Summe der Generationen. Wir müssen Verantwortung übernehmen für die Erhaltung des Menschengeschlechtes, des Stammes homo sapiens, der, wie wir wissen, heute so bedroht ist wie noch nie. Der Mensch existiert doch nicht nur als Individuum, sondern ist zu erhalten als Stamm. Wir können nur als Stamm überleben.

Ich meine, daß es eine Hauptkrankheit der modernen Menschheit ist, daß man zu einseitig den Begriff Mensch reduzierte auf den Pol Individuum. Ich darf nicht, wie es doch Millionen machen, für das Wohl meines Kindes sorgen, aber zugleich mit meinem Auto oder mit den Abfällen aus meiner Fabrik die Flüsse und die Wälder vernichten und die Luft verpesten. Unsere Enkelkinder werden diese ökologischen Katastrophen nicht überleben.
Pöhlmann: Ja. Aber du meinst doch in deiner dialogischen Philosophie mit diesem Wir mehr als nur die Weltverantwortung, nämlich die rückhaltlose Öffnung im Gespräch, die Selbsttranszendierung des Menschen im Gespräch, wo ich mich ganz loslasse und einlasse auf den anderen, wo ich mich aussetze.
Machovec: Jawohl.
Pöhlmann: Wo ich mein Ich eigentlich nur finde, wenn ich's nicht festhalte, sondern loslasse, wo das Ich durch das Wir geschaffen wird wie umgekehrt das Wir durch das Ich. Du meinst doch auch die Gruppe, nicht nur den Stamm mit diesem besseren Wir, das zum besseren Ich führt, und mit dem besseren Ich, das zum besseren Wir führt in der Selbsttranszendierung des Menschen?
Machovec: Aber das ist meines Erachtens nur eine Seite der Transzendenz. Meine Philosophie ist ja nicht nur von der Existenzphilosophie geprägt, die die Existenz und das Ich des Menschen in den Mittelpunkt rückt, sondern vor allem vom Marxismus. Ich kann mein Denken nicht reduzieren auf das Problem, wie mein Ich auf der Suche nach der Transzendenz seine authentische Form findet, wie bei vielen Existenzphilosophen. Trotz aller Verbrechen des Stalinismus, unter denen auch ich persönlich gelitten habe, bleibe ich Marxist, weil die marxistische Philosophie ein Gegenpol ist gegen den egoistischen Individualismus. Sie ermöglicht auch, die existentiellen Fragen des menschlichen Ich zu stellen. Aber Marx sagt, daß die Philosophie nicht auf solche Fragen reduziert werden kann wie z. B.:

Ich und das Absolutum, Ich und mein Gott, Ich und Du – sondern daß wir die geschichtliche, die soziale, die ökonomische und gesellschaftliche Entwicklung studieren müssen. Wie kann ich nach dem menschlichen Du streben, wie kann ich den Nächsten lieben, wenn ich nicht verstehe, wie ihm konkret zu helfen ist? Und diese Methode zeigte mir Marx. Sicher gibt es keine Ökonomie ohne Ökologie. Gorbatschow hat das erkannt. Ich verstehe mich als Schüler von Karl Marx, weil ich die individualistische Engführung, alles auf das Ich und Du zu reduzieren, bekämpfe und in Marx einen Kontrapunkt finde, der das menschliche Ich in der Weltgeschichte, in der Sozialgeschichte und im Kosmos verankert.

Pöhlmann: Ich würde als Christ sagen, die Diagnose des Marxismus war richtig, die Therapie war aber falsch. Die Diagnose kann ich auch bejahen, die Marx etwa in den Pariser Manuskripten stellt, wenn er die Entfremdung des Menschen von sich selbst, von seinem Mitmenschen, von seiner Arbeit und die Ursachen dieser Entfremdung analysiert. Aber die Therapie ist durch den entfremdenden realen Marxismus im Ostblock Lügen gestraft worden.

Machovec: Ja, ja, das stimmt. Aber eine radikal heilende Therapie hat noch nie jemand in der Geschichte gefunden, weder Aristoteles noch Jesus, weder Marx noch Fromm oder Lorenz. Die Marxisten meinten früher, daß Marx so etwas entdeckt hätte, was natürlich eine Selbsttäuschung, ein Irrtum war. Wir müssen viel geduldiger, viel bescheidener, viel demütiger werden bezüglich therapeutischer Rezepte.

Pöhlmann: Bekommt nicht, gerade nach dem Scheitern des Marxismus, das Wort des Schriftstellers Peter Handke eine ganz neue Aktualität: »Sich nicht um den Anschluß an eine Religion zu bemühen, sondern sich in seiner Unerlöstheit geduldig und sachlich zu beschreiben, ist schon Religion«?

Machovec: Du sagst, der Marxismus ist gescheitert. Ich könnte natürlich auch sagen, das Christentum ist gescheitert. Jesus ist gescheitert, die Religion ist gescheitert.

Pöhlmann: Mit dem Unterschied, daß in der christlichen Religion das Scheitern von vornherein eingeplant war. Jesus wollte scheitern am Kreuz. Gott wollte scheitern. Gott wollte verlieren, damit der Mensch gewinnt. Gott tauschte mit uns aus Liebe zu uns, er nahm auf sich unseren Tod und gab uns dafür sein Leben, er nahm auf sich unsere Ohnmacht und gab uns dafür seine Macht – Luther nennt es den »wunderbaren Tausch« (admirabile commercium), der das Wesen des Christentums ausmacht. Ich wäre kein Christ, wenn es nicht so wäre, und ich bin ein Christ, weil mich dieser und nur dieser Gott überzeugt, dem ich so viel wert bin, daß er für mich in den Tod geht am Kreuz.
Machovec: Ich sprach vom Scheitern der Christen.
Pöhlmann: Auch ihr Scheitern war von vornherein eingeplant. Wir Christen haben nie ein Selbsterlösungsprogramm des Menschen verfochten wie Ihr Marxisten. Wir haben nie das Heil vom Menschen erwartet wie Ihr, weswegen man uns nicht vorwerfen kann, daß wir es nicht geschafft hätten. Kern und Stern unserer Religion ist die Rechtfertigung des Sünders allein aus Gnaden, nicht die Rechtfertigung des Perfekten (Röm 3,20ff.), die Rechtfertigung des Kindes (Matth. 18,3), nicht des Machers. Wenn es so wäre, müßten wir verzweifeln. Wir Christen sind nicht besser, aber wir sind die besseren Realisten, weil wir wissen, der Mensch kann nie die bessere Welt schaffen, er kann allenfalls eine weniger schlechte Welt schaffen. Die bessere Welt ist nur zu erhoffen als Geschenk, nicht als Leistung des Menschen, eben als etwas Transzendentes. Das Christentum ist Erlösungsreligion, nicht Moral, als welche du es in deinem Buch »Jesus für Atheisten« mißverstanden hast. Wir leben aus dem Geschenk.
Machovec: Die Moral ist aber doch die notwendige Frucht dieser Religion. Jesus sagt: »An ihren Früchten sollt ihr sie erkennen!« (Matth. 7,16)
Pöhlmann: Aber nicht ihre Wurzel, aus der der Baum, aus der wir leben. Wir Christen tun das Gute um seiner selbst willen, nicht um uns das Heil zu verdienen (Röm 3,20ff.).

Machovec: Der authentische, der demokratische Marxismus ist meiner Meinung nach nicht gescheitert, ebensowenig das authentische Christentum. Der Christ muß viel tiefer und radikaler, als es im verbürgerlichten Christentum bisher geschah, die Nächstenliebe ins Werk setzen. Und der Marxismus muß von seinen humanen Wurzeln her die ökonomische Engführung bei Marx überwinden.
Pöhlmann: Und die Kategorie des einzelnen, die bei Marx zu kurz kommt,
Machovec: wiederentdecken.
Pöhlmann: Und auf die existentiellen Fragen wie Tod und Krankheit, auf die Marx keine Antwort gibt, stärker eingehen.
Machovec: Sowohl die individuellen Fragen kamen zu kurz. Aber auch die kollektiven Fragen, die wir nicht nur – wie bisher – auf Klassenkampf reduzieren dürfen, sondern mit den ökologischen und nationalen Problemen vernetzt werden müssen.
Pöhlmann: Vielleicht könnte man sagen: Der Marxismus der Zukunft müßte die Selbsttranszendierung des Menschen anders akzentuieren, vielleicht so, daß das Ich und Du und Wir gleichgewichtig betont werden und daß sie sich gegenseitig bedingen und daß sich das Ich nicht nur aus dem Kollektiv definiert und das Ich nicht im Wir aufgeht. Sicher müßte nicht nur der Kollektivismus, sondern auch der Individualismus überwunden werden, für den das Wir nur eine Dunkelfolie des Ich und Du ist. So wie das Ich erst durch das Du zum Ich wird – wie Martin Buber und Ferdinand Ebner immer wieder hervorgehoben haben –, so entsteht ein echtes Wir nur durch unverwechselbare Ich's und Du's. Die Balance zwischen Wir und Ich ist – denke ich – wichtig.
Machovec: Du hast recht. Das Ich und das Du lebt vom Wir und das Wir vom Ich und Du. Wichtig ist die Transzendenz zwischen Ich und Du, aber auch zwischen Wir und Ich-Du und umgekehrt, die Selbsttranszendendierung des einzelnen zur Gruppe und der Gruppe zum einzelnen. Geschieht das erste

nicht, entartet alles in den Egoismus, geschieht das Letzte nicht, landen wir in einem Kollektivismus, der den einzelnen gleichschaltet und ausschaltet. Der einzelne muß im Marxismus rehabilitiert werden, etwa durch freie, geheime Wahlen. Er muß wieder unabhängig und frei werden vom Zentralkomitee und von der Partei.

Pöhlmann: Ja. Mit Recht fragen viele, was ist gewonnen, wenn der Kapitalist durch den Funktionär ersetzt wird? Die Entfremdungen wurden nicht aufgehoben, wie es das marxistische Programm versprach, sie sind geblieben, wenn auch unter anderem Namen.

Machovec: Ja, in der Tat. Ganz zu schweigen von dem Stalinschen und Breschnewschen Terror und Verbrechen.

Pöhlmann: Aber auch wir Christen haben unsere Zentralkomitees und Abhängigkeitsstrukturen, die eigentlich vom Selbstverständnis der Kirche als der herrschaftsfreien Gemeinde der Gleichen, die nur einen einzigen Herrn anerkennt, ausgeschlossen sind. Auch wir Christen haben das Evangelium verraten durch Kreuzzüge, Inquisition und andere Greueltaten.

Machovec: Die Demokratisierung des Ostblocks, das Verdienst von Gorbatschow, muß erstes Ziel sein.

Pöhlmann: Ja, aber ich kann in der Demokratie beim besten Willen nichts Transzendentes entdecken, wie du mit deinem Schema des Ich-Du-Wir. Ich bejahe die Demokratie, aber sie hat keinen Ewigkeitswert, sie gehört zum Vorletzten, nicht zum Letzten, sie ist etwas Relatives, nichts Absolutes, man sollte sie nicht mit dem Gewicht des Unbedingten behängen. Demokratie ist nicht die beste Staatsform, sondern die am wenigsten schlechte Staatsform.

Machovec: Warum? Weißt du eine bessere?

Pöhlmann: Nein. Es gibt keine bessere und keine beste Staatsform. Unsere wohlfeile Gefälligkeitsdemokratie mit ihren ständig auf Wahlen schielenden Politikern, ihrer Publicity-Geilheit und Sucht, sich selber darzustellen, ihren Scheindialogen, die sie führen, ihrer Fähigkeit, viel zu reden und nichts zu sagen – was hat das alles zu tun mit dem sich selbst transzendierenden Dialog der Liebe, wie ihn Martin Buber und Ruth Cohn im Auge haben? Was hat das alles zu tun mit einem Dialog, in dem Transzendenz erlebt wird, in dem Gott am Werk ist. Dämonische Züge nimmt die Demokratie an, wenn sie sich anmaßt, über ethische Grundwerte zu entscheiden, wie in der Frage des Schwangerschaftsabbruchs. Ethische Grundwerte dürfen nie Gegenstand von Mehrheitsbeschlüssen sein. Was die Mehrheit will, ist noch lange nicht die Wahrheit. Verstehe mich nicht falsch. Ich bin dankbar für unsere Demokratie im Westen trotz ihrer schweren Mängel. Doch wir wünschen euch im Ostblock eine bessere Demokratie, eine Demokratie, die Basisdemokratie ist, nicht Sonntagsdemokratie, keine Laber-Demokratie, sondern eine, wo man aufeinander hört und voneinander lernt, vor allem eine Demokratie, wo nicht das Geld, sondern das Volk regiert.

Machovec: Trotzdem brauchen wir im Ostblock dringend ein demokratisches System, wo die Gewalten geteilt sind und sich gegenseitig kontrollieren und vom Volk gewählt werden.

Pöhlmann: Ja. Aber Ihr werdet dadurch so wenig das Paradies auf Erden schaffen wie durch den Marxismus.

Machovec: Wir Marxisten wollen kein Paradies auf Erden schaffen, sondern die Entfremdung bekämpfen und das Unrecht einschränken. Dieser Paradiesglaube war eine naive Vorstellung der 20er und 30er Jahre, die wir längst aufgegeben haben.

Pöhlmann: Aber wir waren uns doch am Anfang unseres Gesprächs darin einig, daß beide, Marxisten und Christen, die bessere Welt erwarten und daß wir auf die absolute, absolut wahre, schöne und gute Zukunft hoffen, daß wir das Absolute erhoffen und uns nicht mit relativen Zielen zufriedengeben, daß wir dagegen kämpfen, wenn das Absolute und Relative verwechselt werden und das Relative zum Absoluten gemacht wird, wie im Konsumismus unserer Zeit.

Ich versuche eine Zwischenbilanz: Auf meinen Einwand, die Transzendenz sei für mich eine Person, nicht ein Es, wie für dich, hast du gekontert, sie sei auch für dich etwas Personales, wenn du im idealen Ich des Menschen, in dem er sich selbst transzendiert, die Transzendenz erblickst; oder wenn du das Du der Mitmenschlichkeit, zu dem hin sich das Ich in Liebe transzendiert, als Transzendenz ausgemacht hast; vor allem aber wenn du im Wir des Kollektivs und der Menschheit die Transzendenz siehst, in die hinein sich das Ich und Du selbstlos verliert, um von ihm her sich wieder zu gewinnen. Auch ich kann in diesem Ich-Du-Wir-Dreieck eine Transzendenz entdecken und Gott am Werk sehen.
Machovec: Vielleicht sogar den Dreieinigen Gott der christlichen Tradition.

Die Transzendenz als zwischenmenschliches oder außermenschliches Du?

Pöhlmann: Gott ist für mich mehr als die zwischenmenschliche Ich-Du-Wir-Beziehung. Darin unterscheiden wir uns grundlegend. Gott ist für mich mehr als nur menschliche Selbsttranszendierung in Liebe. Es wäre schlimm, wenn er mit dieser innermenschlichen Selbsttranszendierung identisch wäre, die ja erfahrungsgemäß oft scheitert. Gott ist nicht nur ein anderes Wort für den elektrischen Funkensprung der Liebe zwischen Menschen, er ist nicht nur die Relation der Liebe zwischen zwei menschlichen Du's. Er ist ein *übermenschliches* Du. Ginge Gott in diesen innermenschlichen Relationen auf, dann wäre er nur meine Projektion und mein Produkt und ein Stück von mir und ich bliebe bei mir selbst und hätte nichts davon. Denn erfahrungsgemäß kann ich mich nicht selber befreien von allem, was mich gefangen nimmt, sei es das Böse, der Tod, die Angst. Nur einer, der das Gefängnis von außen aufbricht, kann helfen. Nur ein Eingriff von außen kann helfen, sagten wir, wenn der

Mensch – wie die Erfahrung zeigt – nicht selber die bessere Zukunft, die er erhofft, schaffen kann. Die Transzendenz zwischen zwei menschlichen Du's, die sich in Liebe transzendieren, ist keine echte Transzendenz, weil sie immer auf halbem Wege steckenbleibt. Nur ein übermenschliches Du kann mir helfen, das mich unwiderruflich liebt, was ein menschliches Du nie kann, das mich so sehr liebt, daß es aus Liebe zu mir ans Kreuz geht, daß es den Weg bis zum bitteren Ende geht, nicht auf halbem Wege bleibt wie menschliche Liebe. Wir sind nicht darin uneins, daß die Transzendenz ein Du ist, kein Es, sondern wir sind darin uneins, daß diese Transzendenz ein übermenschliches Du ist.

Machovec: Das erinnert mich wieder an die Schreckfigur des göttlichen Übermenschen und Supermenschen, die Du früher ausdrücklich verworfen hast.

Pöhlmann: Ich meine mit übermenschlich *nicht*menschlich, mit dem übermenschlichen Du ein außermenschliches Du, kein überdimensionales menschliches Du, ein Du, das besser ist als das menschliche Du und es total übertrifft in seiner Liebe, eben das wahre Du meines Lebens. Ich könnte Gott nie identifizieren mit dem idealen Ich des Menschen oder dem idealen Wir der Menschheit, womit du die Transzendenz identifizierst. Gott ist mehr als so eine Selbsttranszendierung des Menschen, er ist mehr als so eine Feuerbachsche Projektion des Menschen. Was du Transzendenz nennst, ist ja immer nur die Transzendenz *des* Menschen, nicht eine Transzendenz *zum* Menschen, ein Überschritt *des* Menschen, nicht ein Überschritt Gottes *zum* Menschen, ein Eingriff des Menschen, nicht ein Eingriff von außen. Doch der Mensch kommt nicht zur Transzendenz. Die Transzendenz kommt zu ihm, der Mensch kann sich die Transzendenz nicht selber beschaffen. Sie ist Geschenk. Sie ist nicht Moral, sondern Gnade. Transzendenz heißt: Nicht der Mensch kann den Abgrund überschreiten der Schuld, des Todes, der Angst. Nur Gott kann vom anderen Ufer der Gnade diesen Abgrund überschreiten im Kreuz seines Sohnes.

Machovec: Warum durch diesen grausamen Kreuzestod? Wie kann Gott seinen Sohn so leiden lassen, um die Menschen zu erlösen.

Pöhlmann: Das ist ein Mißverständnis. Gott läßt nicht Jesus leiden, Gott leidet selber am Kreuz. Jesus ist ja nach christlicher Vorstellung nicht bloß ein Mensch, sondern der menschgewordene Gott.

Machovec: Und warum muß Gott leiden, um die Menschen zu erlösen?

Pöhlmann: Weil es keine überzeugendere Liebe gibt als die, die für den Geliebten in den Tod geht.

Machovec: Transzendenz ist für uns beide Transzendenz der Liebe, die sich selbst überschreitende, selbstlose Liebe.

Pöhlmann: Aber die Richtung ist verschieden. Für mich kann Rettung nur kommen von einem außermenschlichen Du, das eingreift und das die Hoffnung auf das absolute Glück, die in uns Menschen von Natur drinsteckt, erfüllt, eine Hoffnung, die der Mensch allenfalls fragmentarisch, nie ganz einlöst. Nicht daß die Transzendenz ein Du ist, unterscheidet uns, sondern daß sie dieses außermenschliche Du ist, das mich unbedingt annimmt, wo Menschen mich ablehnen, das mich unwiderruflich liebt – liebt, sogar, wenn *ich* nicht liebe.

Machovec: Ich verstehe nicht, warum du dieses Du ein außermenschliches Du nennst, wo du doch immer so darauf bestanden hast, dein Gott sei ein Mensch geworden, er sei nicht hinter den Sternen zu suchen, sondern im Diesseits, er sei nicht ein überhöhter orientalischer Despot, sondern ein menschlicher Gott.

Pöhlmann: Ich war hier – zugegeben – inkonsequent. Aber um auszudrücken, daß dieses menschliche Du Gottes ein ganz anderes Du ist als die anderen menschlichen Du's, rede ich vielleicht zutreffender vom besseren Du oder vom wahren Du statt vom außermenschlichen Du.

Machovec: Auch die neue Formulierung überzeugt mich nicht. Wenn du dieses Du so scharf vom zwischenmenschlichen Du unterscheidest, ist es doch eine jenseitig abseitige Märchenfigur, an die du im Ernst nicht glauben kannst, wenn du ehrlich bist.

Pöhlmann: Es ist ein zwischenmenschliches Du, das in Jesus verwechselbar wird mit uns, und es ist doch unverwechselbar. Dieses Du erscheint im zwischenmenschlichen Du des »geringsten Bruders« (Matth. 25,40), und es ist doch ein eigenes Du, nicht einfach nur die Relation der Liebe zwischen zwei Menschen. Wie könnte es mir sonst helfen?

Machovec: Ich verstehe deinen Zugang zur Frage, aber wir Atheisten suchen eine immer menschlichere und immer geschichtlichere Transzendenz, weil die Zukunftskatastrophen uns keine Zeit lassen und uns unausweichlich in die Pflicht nehmen. Wir erwarten keine Hilfe von einer Macht aus einer anderen Welt und von einer anderen Instanz.

Pöhlmann: Mein Gott ist nicht außerhalb der Welt. Er ist hier bei mir und ist mir näher, als ich mir selber bin.

Machovec: Er ist aber für dich ein Wesen für sich und nicht etwa ein anderes Wort für Mitmenschlichkeit – wie bei Herbert Braun und den Gott-ist-tot-Theologen. Bitte verstehe daher: Als Menschen atheistischer Provenienz identifizieren wir uns immer noch im großen und ganzen mit den großen Atheisten des 19. Jahrhunderts, für die Gott eine Illusion der Menschen ist.

Pöhlmann: Diese Gedanken sind auch mir als Gläubigem nicht fremd. Auch ich frage mich, ob ich mir und anderen nichts vormache, wenn ich an Gott glaube, ob ich mich und andere nicht betrüge, wenn ich an Gott glaube, ob ich im Sterben nicht in ein schwarzes Loch falle, ob dieser Luftballon des Glaubens nicht spätestens an der harten Realität des Todes zerplatzt. In solchen Phasen des Zweifels bete ich trotzdem weiter und singe trotzdem weiter meine Kirchenlieder. Vielleicht besteht der echte Glaube gerade in diesem Trotzdem, daß ich trotzdem an Gott glaube, obschon es ihn nicht zu geben scheint, daß ich trotzdem mich an ihn festklammere, obschon ich ins Leere zu

greifen scheine. Daß ich trotzdem glaube, er ist da, obschon er nicht da ist. Dieser Trotz, trotzdem zu glauben, ist wahrer Glaube, nicht sichere Beweise. Ich widerspreche dir also nicht, wenn du mich fragst, ob Gott nicht eine Illusion ist. Der Zweifel gehört zum echten Glauben. »Ich glaube, hilf meinem Unglauben!« sagte einmal einer zu Jesus (Mark. 9,24). Auch du als Atheist kennst doch dieses Trotzdem des Glaubens, wenn du an die Gerechtigkeit trotz des Unrechts glaubst – oder wenn du an den letzten Sinn im Sinnlosen glaubst.
Machovec: Auch hier kann ich meinerseits nur zustimmen. Glaube ist immer ein Wagnis, für den Religiösen wie für den Atheisten. Beweise sind der Tod des Glaubens, sagte Karl Jaspers, der ja übrigens selber an Gott glaubte.
Trotzdem ist der Glaube, obwohl er ein Wagnis ist, realitätsbezogen und diesseitsorientiert und nicht eine Jenseitsdressur, wie du einmal sagtest. Aber ein außermenschliches Du ist ein Phantom und nicht greifbar wie ein mitmenschliches Du, etwa wenn ich dir jetzt hier die Hand drücke. Gott als anderes Wort für Mitmenschlichkeit oder Liebe, da wären wir voll d'accord.
Pöhlmann: Da bliebe der Mensch bei sich selbst und im Gefängnis der Immanenz[21] eingesperrt. Ich brauche eine echte Transzendenz, ein echtes Gegenüber, nicht nur die Idealisierung meiner Welt, daß ich über mich hinaus steige; Gott steigt herab zu mir in Jesus Christus und läßt mich nicht allein. Das und nur das hat mir in meinem Leben geholfen. Gott würde aufhören, Gott zu sein, wenn er nur ein anderes Wort für Mitmenschlichkeit und Liebe wäre, wäre er nur eine Überhöhung und Idealisierung der Welt und nicht der ganz Andere, Fremde, Unverfügbare, Unfaßliche, Nichteinzuordnende, Unselbstverständliche, eben das Geheimnis.
Machovec: Aber in der Mitmenschlichkeit und Liebe gibt's doch auch dieses »gewisse Etwas«, das Geheimnis, das man nicht verrechnen kann, das Unerklärliche, Unverfügbare.

21. Innerweltlichkeit.

Pöhlmann: Ich meine eine ganz andere, radikale Transzendenz, wenn ich an Gott glaube, sosehr er in so einer Liebe wirksam sein kann. Aber er *ist* nicht diese Liebe, er begegnet in ihr, wenn er will. Gott ist viel größer und nicht nur das »gewisse Etwas« in der Liebe, das man nicht verrechnen kann. Das wäre eine halbe Transzendenz. Entweder eine ganze oder gar keine. Gott ist das »gewisse Etwas« in der Liebe, das erinnert an Gottfried Benn, der Gott einmal definieren konnte als den »kleinen Durststiller« und als »Fröhlichkeitspille«.

Gott als Lückenbüßer?

Machovec: Aber wurde Gott nicht oft im Christentum zum metaphysischen Opa verharmlost oder zum bloßen Lückenbüßer für die Wissenslücken der Wissenschaft und die Verlegenheitslücken der Menschen degradiert? Dieser Lückenbüßer-Gott hat mich eigentlich zum Atheisten gemacht. Die Kirche hat bis heute ein großes Interesse, immer neue Lücken für ihren Lükkenbüßer zu finden, um ihre Existenzberechtigung nachzuweisen, ja, sie macht ein Geschäft mit dem Unglück des Menschen, und sein Glück wäre ihr Unglück. Sie machte ihn hilflos, damit er einen Helfer braucht. Die christliche »Lust auf Verlust« kennen wir.

Pöhlmann: Das ist – Gott sei's geklagt! – in der Tat oft so gewesen. Gott ist kein Lückenbüßer – wie schon Nietzsche dem Christentum vorwarf. Er begegnet dem Menschen im Glück und er will sein Glück, nicht sein Unglück – wir haben schon darüber gesprochen. Aber Gott läßt ihn auch nicht allein im Unglück, wo der Mensch *Gott* braucht und nicht Gott den Menschen, um nicht überflüssig zu werden. Der Begriff »Lücke« verharmlost das Problem. Im Haus unserer Welt gibt's nicht nur Lücken, der Mensch steht auf einem Trümmerfeld enttäuschter Hoffnungen.

Gott als Frage und Antwort?

Machovec: Gut, wir sind einig in der Ablehnung eines Lückenbüßer-Gottes. Ich habe schon früher gesagt, daß ich gegen andere Gottesdefinitionen der modernen Theologie und Philosophie nichts einzuwenden habe, wenn Gott etwa als Grund der Welt, als kosmisches Prinzip, als letzter Sinn oder als die höchste Frage begriffen wird.
Pöhlmann: Weischedels alles hinterfragender und alles fraglich machender Gott?
Machovec: Ich meine Gott als immer neue Frage, Gott, der immer neue Fragen an uns Menschen stellt, die wir beantworten und verantworten müssen.
Pöhlmann: Auch für mich ist Gott der, der uns fragt und in Frage stellt, mein Gewissen.
Machovec: Ja.
Pöhlmann: Aber Gott ist mehr als der, der mich fragt: »Adam wo bist Du?« (1. Mose 3,9) und dem ich Rede und Antwort stehen muß. Gott gibt selber Antwort in Jesus Christus, der das unwiderrufliche »Ja« Gottes zu uns Menschen ist nach dem Neuen Testament (2. Kor. 1,19f.). Der Gott, der unbegreiflicherweise nicht richtet, sondern Gnade vor Recht ergehen läßt, indem er sich stellvertretend für den Menschen richten läßt am Kreuz. Das ist das tiefste Mysterium meines Glaubens, womit ich leben und sterben kann. »Wenn uns unser Herz anklagt, Gott ist größer als unser Herz« heißt's anderswo im Neuen Testament (1. Joh. 3,20).
Machovec: Das werde ich nie verstehen.

Gott – Grund der Welt oder persönliches Gegenüber?

Pöhlmann: Verstehen konnte ich, daß du mit den Gottesdefinitionen, Gott sei das kosmische Prinzip und der Grund der Welt viel anfangen kannst. Ich kann Gott genauso umschreiben: Er ist in keinem Jenseits, auf das ich vertröstet werde, sondern im Diesseits, er ist keine Überwelt, sondern Mitte und Grund der Welt, er ist nicht über der Welt, sondern *in* ihr, aber *in* ihr ihr *gegenüber* als ihre Mitte und ihr Grund. Wenn er Mitte und Grund der Welt ist, komme ich nur *durch* die Welt *hindurch* zu ihm, nicht an der Welt vorbei. Das sichert dem Gottesglauben eine Realitätsnähe, die du ihm abgesprochen hast.

Machovec: Aber du sprachst wieder von einem personalen Gegenüber, wenn du meintest, als Grund der Welt ist Gott nicht nur in der Welt, sondern ihr auch gegenüber.

Pöhlmann: Mit diesem Gegenüber steht und fällt meine Transzendenz. Gott ist »mitten in unserem Leben jenseitig«, sagte Bonhoeffer. Dieses diesseitige Jenseits ist gerade nicht Vertröstung, sondern Trost. Nur weil Gott ein Du ist, das mir gegenüber ist, kann er mir letztgültig seine Liebe zusagen, die ich mir selber nie zusagen könnte als Mensch – auch ein anderer Mensch nicht. Der Mensch kann sich nicht selbst das volle letzte Glück, das er erhofft, schenken. Es muß geschenkt werden von außen. Transzendenz heißt, sich beschenken lassen, nicht selber etwas tun. Aus dem Geschenk leben, im Kleinen wie im Großen.

Machovec: Hier unterscheiden wir uns. Meine Gegenthese lautet: Auf unser Tun kommt's alleine an!

Pöhlmann: Doch die Gemeinsamkeit zwischen uns ist beträchtlich: Christ und Atheist sind beide Menschen, die sich Gedanken machen und sich nicht gedankenlos treiben lassen wie der Egalo unserer Konsumgesellschaft. Sie sind beide Menschen, die an etwas Absolutes im Relativen glauben, sie sind beide Menschen, die an einen Grund der Welt glauben, der alles zusammenhält, sie sind beide Menschen, die der Welt auf den Grund gehen und nicht oberflächlich in den Tag hinein leben. Ich denke, es ist nicht so wichtig, ob man diesen Grund, der alles zusammenhält, Gott nennt oder nicht. Wichtig ist, daß man an ihn glaubt. Ich finde, der Hauptfeind ist heute für den Atheisten nicht der Christ und für den Christen nicht der Atheist, der Hauptfeind ist für beide die Indifferenz, die globale Indifferenz in unserer Gesellschaft, eine aggressive Gleichgültigkeit, die alle letzten Fragen abwürgt und nur das Lecker-Locker-Leichte zuläßt. »Die Sinnfrage ist Quatsch mit Soße, Hauptsache, die Piepen stimmen« – sagte einer.

Machovec: Ich kann dir nur aus vollem Herzen zustimmen. Am Flachsinn, der die Sinnfrage nicht zuläßt, geht die Welt noch zugrunde. Der Flachsinn ist heute das eigentliche Opium, nicht die Religion. Bezeichnend dafür ist, daß Kant, Goethe, Wagner und Beethoven durch Boris Becker und Steffi Graf abgelöst wurden. Das Leben ist – denke ich – nicht nur ein Tennisspiel.

Pöhlmann: Man müßte Boris Becker und Steffi Graf fragen, worin sie den tieferen Sinn des Lebens sehen.

Machovec: Ich kritisiere nicht die Personen, sondern den Starkult, der mit ihnen getrieben wird. Zurück zur Gottesfrage. Es war sicher fragwürdig, wenn der atheistische Humanismus von Feuerbach und Marx die These vertrat, nicht Gott sei das höchste Wesen für den Menschen, sondern der Mensch sei das höchste Wesen für den Menschen. Dieses Konzept des Atheismus der zweiten oder theoretischen Stufe, der Mensch, nicht Gott sei das Höchste, führte dazu, im Ego des Menschen und in einer egoistischen Lebensauffassung das Höchste zu sehen. Die Folge waren die titanische Selbstüberschätzung des Menschen, ein Personenkult, ein Menschenkult sowie ein Frauenkult, der im Weiblichen das Heil der Welt sucht.

Pöhlmann: Voll d'accord! Die Verkleinerung des Menschen auf seine natürliche Größe ist vonnöten. Aber was dann? Wer soll dann helfen, wenn es nicht der Mensch kann, wo ist dann der letzte Halt zu suchen, woran ich mich klammern kann, wenn es nicht der Mensch ist? Wo ist dann das Heil zu finden, wenn's nicht vom Menschen kommt? Hat nicht Kolakowski recht: Wenn es keinen Gott gibt und die Menschen sich selber überlassen sind, bricht das Chaos herein? »Die Abwesenheit Gottes« bedeutet nach Kolakowski den »Untergang des Menschen«. Eines der letzten Worte Heideggers war: »Nur ein Gott kann uns retten.«

Machovec: Du sprachst immer vom Gegenüber, das nötig ist. Wir wissen heute, daß der echte authentische Humanismus auch so etwas wie ein Gegenüber braucht. Natürlich, es ist schwierig, es so simpel zu definieren wie du, wenn du überzeugt bist, eine Person zu haben, die dich aus dem Sumpf der Sorge, Angst und Schuld herauszieht und am Ufer der Gnade steht. Eine Person, die dich aus dem Schraubstock des Bösen befreit. Woher weißt du, daß es dieses außermenschliche Du überhaupt gibt?

Pöhlmann: Ich weiß es nicht, ich fühle es. Deine Frage ist so seltsam, wie wenn man einem im Wasser schwimmenden Fisch die Frage stellen würde: Woher weißt du, daß du im Wasser schwimmst? Ich bin in meinem Element, wenn ich an Gott glaube, und ohne diesen Glauben wäre ich ein Fisch ohne Wasser. Ich brauche ihn einfach wie der Fisch das Wasser.

Machovec: Und warum diese absurde Illusion eines außermenschlichen Du? Warum genügt dir nicht ein anthropologisches Gegenüber, ein menschliches Gegenüber? Das kann doch auch am anderen Ufer der Gnade stehen und dich befreien von allem, was dich unfrei macht.

Pöhlmann: Das ist deine Illusion, zu meinen, der Mensch könne sich selber befreien. Das kann nur eine Macht, die stärker ist als alles, was uns gefangen nimmt, das kann nur eine Macht, die stärker ist als alles, was uns Angst macht, das kann – religiös ausgedrückt – nur Gott.

Machovec: Sicher. Aber das Vertrauen auf diese außermenschliche Macht hat die Menschen oft schwach gemacht und in ihrem Engagement für eine schönere Welt gelähmt.

Pöhlmann: Mag sein. Aber nicht so der Gott der Bibel, der den Menschen nicht schwach, sondern stark macht, der ihn nicht klein macht, sondern groß macht; der sich selber klein macht in Krippe und Kreuz, um den Menschen groß zu machen, und der nicht – wie es in der christlichen Tradition oft der Fall war – den Menschen klein macht, um selber groß zu sein.

Machovec: Dieses außermenschliche Du ist der einzige Reibungspunkt in unserem Gespräch.

Pöhlmann: Mit ihm steht und fällt aber christlicher Glaube. Glaube heißt beten. Zur mir selber und zu einem anderen Menschen kann ich aber nicht beten, nur zu diesem ganz anderen Du. Ich kann mir mein Leben nicht vorstellen ohne Gebet. Ich brauche es einfach wie der Fisch das Wasser. Dieses zwanglose Gespräch mit Gott, den die kleine Anna in Fynns Buch »Hallo – Mister Gott ...« alles erzählt, was sie bedrückt und was sie freut. Warum betest du nicht?

Machovec: Auch ich als Atheist bete. Etwa wenn ich mit meinem Gewissen oder meinem besseren Ich spreche. Oder wenn ich mit dem Tod spreche und alle Masken fallen. Oder durch meinen Dialog mit der Ewigkeit, mit dem Weltall, mit der Natur, mit dem großen Einen, das alles durchdringt und zusammenhält. Dem Ein und Alles. Pantheistische[22] Vorstellungen sind mir nicht fern.

Pöhlmann: Ich kann dir hier weithin folgen, auch nach meinem Glauben ist Gott »Alles in Allem« (1. Kor. 15,28; Eph. 1,23). Und trotzdem fehlt mir hier das ganz persönliche Verhältnis zu Gott, der mit mir wie ein Freund durch dick und dünn geht und mit dem ich im Gebet ringe wie Jakob am Pniel (1. Mose 32,23ff.). Das »Gegenüber« zu diesem Gott ist kein Kotau vor einem fernen Pharao, der hinter den Sternen thront – als welches du es laufend mißverstehst, sondern es ist ein hautnahes. Ich brauche dieses ganz persönliche Du, das mir, wenn ich schuldig bin, letztgültig die Vergebung zusagt und das mir, wenn ich mich selber aufgebe, in der selben Letztgültigkeit zu-

22. Die Weltanschauung, daß alles Gott ist und Gott und Welt identisch sind.

sichert: Du bist wer und du bist nicht nichts. Weder ein Mitmensch noch der Kosmos kann das leisten.

Machovec: Eine andere Frage wäre, ob wir angesichts der drohenden Zukunftskatastrophen der Menscheit überhaupt noch von einem Ufer der Hoffnung reden können und nicht im Sumpf der Sinnleere ertrinken.

Gespräch am 30. Oktober 1988 in Marienbad

Ist die Massenabkehr von der Kirche eine Massenabkehr von Gott, oder wie lange hält sich eine Illusion?

Machovec: Ich bin froh, daß wir wieder zusammenkommen, um über Gott zu reden. Die Frage, die mich zur Zeit vor allem beunruhigt, betrifft die Rolle der Christen in der Gegenwart und Zukunft. Ich weiß, daß viele Christen, profilierte Christen wie Pfarrer, Nonnen, ja sogar hohe kirchliche Würdenträger und bekannte Theologen eine positive gesellschaftliche Rolle spielen. Die christliche Religion wirkt, anders als für Marx und die Marxisten des 19. Jahrhunderts, befreiend, nicht entfremdend. Wir Marxisten wissen, daß sich viele Theologen engagieren für Revolutionen und Befreiungsbewegungen oder für einen ökologischen Bewußtseinswandel oder auch für den Kampf gegen Menschenrechtsverletzungen und gegen Drogen. Wir beide können 50 solche Namen aufzählen, die auch der härteste marxistische Dogmatiker als Humanisten und Gesellschaftskritiker anerkennt, wie etwa Barth, Bonhoeffer, Teilhard de Chardin. Viele Werke solcher Theologen habe ich als Atheist und Marxist mit großem Interesse gelesen und von ihnen wertvolle Anstöße bekommen. Trotz dieser Hausse in der Theologie beobachte ich eine Baisse in der Kirche. Ich denke an die sich leerenden Kirchenbänke und die massenhaften Kirchenaustritte. Eine absurde Situation! Meine Frage an dich: Was macht ihr dagegen? Reicht das bisherige kirchliche und theologische Arsenal aus? Ist es nicht verrostet? Stellen nicht die Menschen die Ohren auf Durchzug, wenn sie die abgenützten Formeln der Bibel und der kirchlichen Tradition über Gott und Jesus hören?

Pöhlmann: Gilt das nicht genauso von dem marxistischen Propagandavokabular?
Machovec: Gewiß! Doch unser Thema ist Gott. Hat die Sache mit Gott noch eine Chance angesichts der Massenflucht der Menschen aus der Kirche? Ist nicht ein radikaler Umbruch in der Theologie nötig, um diese Massenflucht aus der Kirche aufzuhalten? Wie war dieser Exodus der Massen aus der Kirche in den letzten 30 Jahren möglich?
Pöhlmann: Der Grund ist nicht die christliche Botschaft. Der Grund ist nicht die Botschaft von der Rechtfertigung oder Rettung des Menschen allein aus Gnaden, allein durch Gott. Dieses Herzstück christlichen Glaubens war noch nie so aktuell wie heute, wo wir den Zusammenbruch des östlichen Machbarkeitsglaubens und des westlichen Fortschrittsglaubens erleben und der Mensch an die Grenzen seiner Möglichkeiten gestoßen ist wie kaum zuvor, wo er neu gelernt hat: alles ist sinnlos, wenn es nicht eine übermenschliche Macht gibt, die ihn befreit, wo er sich selber nicht befreien kann, nur ein Eingriff von außen kann das volle und letzte Glück bringen, das er selber nicht schaffen kann, aber gleichwohl ersehnt. Der heutige Mensch hat neu erkannt: Die bessere Welt, die er erhofft und die er erfahrungsgemäß nicht im do-it-yourself-Verfahren herstellen kann, kann nur als Geschenk geglaubt werden. Jeder Mensch steht vor diesem letzten Sinnhorizont seines Lebens, ob er ihn ausblendet oder nicht. Jeder ist so gesehen religiös. Der Exodus aus der Kirche ist m. E. kein Exodus aus dem Gottesglauben und kein Atheismus. Ursache dieser Massenabkehr von der Kirche ist nicht Gott, sondern das »Bodenpersonal«, nicht die Religion, sondern unglaubwürdige Repräsentanten der Religion. Aber es gibt auch andere Gründe, warum Menschen aus der Kirche austreten, außer der Enttäuschung über ihre Institution. Es gibt Menschen, die einfach ausgetreten sind, weil sie sich die Kirchensteuer sparen wollten oder aus Angst vor beruflichen Nachteilen – wie häufig im Ostblock in den letzten Jahrzehnten.

Machovec: Also aus Opportunismus. Obschon ich nicht an Gott glaube, bin ich entsetzt, daß Menschen ihr Gottesglaube keine 50 oder 100 Mark Kirchensteuer wert ist, daß sie ihn wegen so einer Kleinigkeit verraten. Ich bin da sehr hart in meinem Urteil. Eine Religion, für die sich einst Abertausende haben foltern und töten lassen und die heute Leute wegen einer Bagatelle wie der Kirchensteuer verlassen, scheint nicht mehr lebendig, sondern tot zu sein. Bekommt hier der Marxismus nicht eigentlich doch recht, die Religion würde absterben und sie sei tot?

Pöhlmann: So schmerzlich das für uns Christen ist, du dramatisierst das Problem. Problematischer als der Austritt von indifferenten Karteichristen ist sicher der Austritt aus Überzeugung, den es übrigens »zur Linken« wie »zur Rechten« gibt. Viele kehrten in den letzten 20 Jahren in der BRD der Kirche den Rücken, weil sie zu konservativ ist und weil diese Menschen ihre hohlen Riten, ihre nichtssagenden traditionellen Formeln und moralinsauren Predigten abstießen. Andere verließen die Kirche nicht wegen ihres Traditionalismus, sondern umgekehrt wegen ihres Modernismus, daß sie sich – wie der Vogel Wendehals – jeweils dem neuesten Zeittrend anpaßt und Allotria treibt, statt bei der Sache zu bleiben, daß sie – wie manche »Politpfarrer« – in der Predigt nur politische Parolen der Zeit verdoppelt, statt das Evangelium zu predigen und politisch Andersdenkende dadurch aus der Kirche hinausgeekelt wurden.

Doch ich bin im Blick auf Austritte unbekümmert und gelassen, weil ich mir immer im Anschluß an die Geschichte von der Sturmstillung Jesu sage: Das Schiff der Kirche ist oft fast untergegangen, aber nie ganz, denn Christus sitzt im Schiff der Kirche. Ich möchte auf ein Gegenbeispiel verweisen, auf die russisch-orthodoxe Kirche, die in diesem Jahr 1988 ihre tausendjährige Taufe feierte und in der in den letzten Jahrzehnten Millionen von Nicht-Christen getauft und in die Kirche aufgenommen wurden. Ein russisch-orthodoxer Erzpriester, den ich bei einer Tagung in der DDR traf, meinte: »Die russisch-orthodoxe Kirche hat sich nicht erhalten, weil sie einen weltklugen Dialog führte mit dem Denken der Zeit und sich ihm anpaßte, sondern sie hat sich nur erhalten, weil sie treu ihre Gottesdienste weiter gehalten hat wie tausend Jahre vorher«.

Machovec: Weil sie eben authentisch und identisch ist.

Pöhlmann: Ich frage dich: Ist denn für euch Atheisten ein Christ, der identisch ist, nicht viel authentischer als einer, der sich an euch anpaßt und an euch »ranschmeißt«?

Machovec: Natürlich. Ich bewundere die russisch-orthodoxe Kirche, die den Terror des Stalinismus und eines dummen Atheismus überlebt hat. Durch die Verfolgung wurde dieses Christentum wie das der alten Kirche lebendig – obschon wir unter ihm keine großen Theologen finden. Umgekehrt haben wir in den Ländern des westlichen Christentums – trotz seiner großen Theologen – diese Massenflucht aus der Kirche. Ich verstehe das nicht.

Pöhlmann: Vielleicht ist es deshalb so, weil unsere Theologie zu sehr eine Professorentheologie für Theologieprofessoren geworden ist, statt Theologie für den Mann von der Straße zu sein, was sie doch sein sollte. Die Sorge um ihre Reputation bei den Fachkollegen ist ihr oft wichtiger als die Sorge um den Menschen.

Machovec: Das ist nicht nur bei euch Theologen so, sondern auch bei uns Philosophen!

Pöhlmann: Du überschätzt die Wirkung der Theologie auf Kirche und Gesellschaft. Das beste Argument für Gott ist ein exemplarischer Christ, nicht eine kluge Theologie, ein schlichter Mensch, der für seinen Glauben einsteht, nicht theologische Turnübungen auf dem Hochreck. In der Zeit, als ich Gemeindepfarrer war, lernte ich solche Menschen kennen, Arbeiterfrauen und Bauernfrauen, die still ihre Pflicht taten und die mit lächelnder Selbstverständlichkeit ihres Glaubens lebten, der für sie nichts Aufgesetztes war, sondern Wurzel, aus der sie – wie ein Baum – lebten, unerschütterlich und fest im Sturm, in sich ruhend.

Die Theologie hat wohl auch deshalb keine Durchschlagskraft

mehr, weil sie oft zu einer lauen, langweiligen Sache geworden ist mit ihren wohlgedrechselten braven Sätzen, die keinen »Biß« haben, und ihrem Ausgewogenheitsfetisch. Viele wenden sich vom Christentum ab, weil es zu einer lauwarmen Limonade geworden ist. »Heiß« oder »kalt«, nicht »lauwarm« sollen wir sein, heißt's mal im Neuen Testament (Offbg. 2,15f.).
Machovec: Die prophetische Theologie Barths ist da anders, ebenso die Bonhoeffers.
Pöhlmann: Man könnte noch viele andere nennen.

Jenseitsillusion und Lebenslüge

Machovec: Ich will die Theologie nicht überschätzen. Aber trotzdem frage ich dich, was du den Menschen, die der Kirche den Rücken zukehrten, sagen willst. Die Massenabkehr von der Kirche ist meines Erachtens doch eine Massenabkehr von Gott, der Grundkategorie der christlichen Predigt. Die meisten Menschen in Ost und West wandern nicht aus der Kirche aus wegen der Kirchensteuer oder weil ihr Christen unglaubwürdig seid, sondern weil *Gott* unglaubwürdig ist. Sie finden in der Botschaft Jesu Christi im Neuen Testament viele schöne und tiefe ethische Gedanken, aber sie können mit ihnen nichts anfangen, weil sie alle untrennbar verkoppelt sind mit dem Glauben an Gott, an ein Jenseits, an das Leben nach dem Tod, statt an das Leben vor dem Tod. Ihr solltet als Theologen darüber nachdenken, wie sehr die schöne und tiefe Botschaft Jesu Christi durch ihre Verquickung mit der veralteten und mittelalterlichen Gottesvorstellung in Mißkredit geriet beim heutigen Menschen. Kann man nicht beides wieder, wie es ursprünglich war, trennen? Jesus ja, Gott nein! Gott ist für den heutigen Menschen
Pöhlmann: eine Leerformel.
Machovec: Ja, eine nichtssagende Leerformel, ein Requisit

aus der Rumpelkammer mittelalterlicher Theologie. Wie kann der moderne Mensch an einen Gottessohn glauben, wenn es für ihn keinen Gott gibt, wie kann er Jesu Bergpredigt ernstnehmen, wenn man ihn vorher zwingt, an Gott und an ein Jenseits zu glauben, das für ihn eine Illusion und Selbstbelügung ist? Einem Menschen, der mit beiden Beinen auf dem Boden der Wirklichkeit steht, kann man nicht solchen blauen Dunst vormachen. Seine Ehrlichkeit verbietet es ihm, auf solche Seifenblasenillusionen hereinzufallen. Für ihn gibt es nur den Boden der Realität keinen doppelten Boden.

Pöhlmann: Ich bin etwas konsterniert über die Schärfe deiner Kritik, die früher differenzierter war.

Machovec: Ich frage ja nur: Ist dieser Jenseitsgott nicht ein die Wirklichkeit beiseite schiebendes Wunschdenken und ein aufgeblasener Begriffsluftballon für kleine Kinder, die gerne Märchen hören und träumen? Kann ein erwachsener Mensch, ohne unredlich zu werden, sich an so eine unbewiesene Fiktion hängen, braucht er überhaupt so einen inneren Seatbelt[23]? Belügt er sich nicht selbst, wenn er sich an so eine Illusion hält? Was sagst Du?

Pöhlmann: Gott war in der Tat oft eine Illusion und eine Lebenslüge, wenn er verfälscht wurde zum metaphysischen Weihnachtsmann und zum phantastischen Vertröster auf ein Schlaraffenland jenseits der Sterne, das es nicht gibt; oder wenn er umfunktioniert wurde zum metaphysischen Sheriff, mit dem man Kinder zur Raison bringt, oder wenn er zum Mittelstandsjehova, der nur den status quo absegnet, umgelogen wurde, oder zum Grenzwort für alles Unbegreifliche und zum Fluchtpunkt für menschliche Süchte und Sehnsüchte. All das ist nicht der biblische Gott, der keine Illusion ist, sondern Mensch wurde, der kein Jenseitsgott ist, sondern in Jesus ins Diesseits eingegangen ist, der uns nicht fern ist, sondern näher ist, als wir uns selbst sind, der uns nicht unsere Diesseitsfreuden vergällt,

23. Sicherheitsgurt.

sondern sie uns umgekehrt schenkt und ihren Torso zur letzten Erfüllung bringt, der nicht das Leben vor dem Tode durch das Leben nach dem Tode ersetzt, sondern umgekehrt das Leben vor dem Tode vollendet, indem er die Hoffnung des Menschen auf ein besseres Leben erfüllt, das er diesseits des Todes nie erreicht. Dieser Gott ist keine irreale Jenseitsillusion, sondern eine Realität des Diesseits. Der Glaube an ihn bleibt auf dem Boden der Realität, wenn er das volle Glück erhofft, das er diesseits des Todes nur fragmentarisch erreicht, aber in diesem Fragment doch ein Unterpfand für das Ganze in seinen Händen hat, das das Ganze erahnen läßt, wenn es auch ohne das Ganze sinnlos ist. Religion ist also etwas Natürliches, keine unnatürliche Verrenkung, wie du annimmst. Wer will nicht, daß sich die Puzzleteilchen unseres Lebens zu einem Ganzen fügen? Gott ist dieses Ganze, dieses ganze Glück, das sich in jedem kleinen Mosaiksteinchen irdischen Glücks schon widerspiegelt, keine unrealistische Fata Morgana.

Gott: das wahre Du meines Lebens?

Ich greife nochmals einen schon oben erwähnten Begriff auf, um das Gesagte zu erläutern, ich glaube, daß das, was mit Gott gemeint ist, einen ganz neuen Klang bekommt, wenn ich für Gott die Begriffe »das wahre Du meines Lebens«, der »wahre Freund« setze. Ich würde einem Menschen, der mit dem Wort Gott nichts mehr anfangen kann, sagen: Setz für das Wort Gott das Wort »das wahre Du meines Lebens«. Dann bekommt es wieder einen Sinn für dich, Gott ist ein anderes Wort für das Du, das immer mit mir spricht, wo Menschen nicht mehr mit mir sprechen, er ist das Du, wo nie das Besetztzeichen erklingt; er ist das Du, das mich versteht, wo Menschen mich mißverstehen, das Du, das mich annimmt, wo Menschen mich ablehnen, ein Du, das mir vergibt, wo Menschen mich anklagen, ein Du, das mich unwiderruflich liebt und von dessen Liebe mich nicht einmal der Tod trennt, ein unzerstörbares und absolut verläßliches Du, ein Freund, der wirklich zu mir hält und immer bei mir bleibt und selbst im Tode mich nicht verläßt, der noch bleibt, wenn sonst nichts bleibt in unserem Leben und alles, was wir festhalten, uns wie Sand durch die Finger rinnt.

Machovec: Ich kenne ähnliche Gedanken von Martin Buber und Ferdinand Ebner. Aber ich muß ganz hart sagen, so redet ihr Theologen im Dialog mit uns. Aber wenn ich sonntags im Wiener oder Kölner Rundfunk die katholischen und protestantischen Gottesdienste höre, kommen mir immer nur verstaubte traditionelle Redensarten zu Ohr, die man auch vor hundert und zweihundert Jahren hätte sagen können. Ich kann diese abgestandenen Vokabeln eurer Tradition nicht mehr hören, die die Sache Jesu Christi so unglaubwürdig machen. Ich verstehe, wenn so viele aus der Kirche austreten, weil sie diesen öden Traditionalismus nicht mehr ertragen können, weil sie diese sprachlichen Fertigteile eurer Tradition nicht mehr anhören können.

Pöhlmann: Kierkegaard sagte einmal: »Das Christentum kommt um im Geschwätz«.

Machovec: Ich finde deine neue Gottesdefinition inhuman. Durch deine Definition Gottes als das »absolut verläßliche Du«, durch deine Definition Gottes als das »wahre Du meines Lebens«, das mich im Unterschied zum menschlichen Du unwiderruflich liebt, wird das menschliche Du abgewertet, das doch auch fähig ist, unwiderruflich zu lieben.

Pöhlmann: Sicher, aber nur kraft dieses göttlichen Du. Wir sind – wie Luther sagt – nur Kanalrohr der Liebe Gottes, nicht Quelle der Liebe, die Gott ist. Ihr Marxisten überschätzt hier wieder einmal den Menschen, und Feuerbach schaut euch über die Schulter mit seiner These »Homo homini Deus« = »Der *Mensch* ist für den Menschen Gott«, nicht Gott. Wie sehr Ihr mit dieser maßlosen Selbstüberschätzung auf die Nase gefallen seid, zeigt die Situation im Ostblock mit den vollmundigen Selbsterlösungsparolen vor verfallenen Häuserfassaden. Der

Glaube an Gott sei eine Illusion, meintest du. Dieser Glaube an den Menschen war bestimmt eine Illusion. Der Gottesglaube kann hier gerade desillusionieren. Wenn wir Christen in Gott das absolut verläßliche Du sehen, wollen wir nüchtern und illusionslos dem Rechnung tragen, daß menschliches Lieben erfahrungsgemäß unzulänglich ist, daß der Mensch ein absolut verläßliches Du braucht, weil das menschliche Du nur relativ verläßlich ist, sei es durch Schuld, durch Tod und andere Ausfälle. Durch dieses unwiderruflich liebende Du soll zwischenmenschliches Lieben aber gerade ermöglicht, nicht gehindert werden.

Machovec: Aber Atheisten lieben doch auch.

Pöhlmann: Sicher. Nichts kann Christen so betroffen machen wie Atheisten, die nach der Bergpredigt leben und ihre Feinde lieben, wie du das sehr oft getan hast. Sie leben dann eben auch – wenn auch anonym – aus dieser Energiequelle des Universums, Gott genannt, aus diesem elan vital[24], wie Henri Bergson Gott umschrieb.

Machovec: Deine Gottesdefinition hat noch einen anderen Haken. Du sagst, Gott ist das Du, das im Unterschied zum menschlichen Du immer für mich Zeit hat und mit dem ich immer reden kann. Ich weiß aber von Gläubigen, daß dieses göttliche Du oft schweigt und Gebete nicht erhört.

Pöhlmann: Dieser Einwand macht mich perplex. Aber vielleicht ist gerade das echter Glaube, daß ich mich von Gott erhört weiß, obwohl er schweigt, daß ich trotzdem an ihn glaube, obwohl ich vor einer Wand stehe. Dieses Trotzdem macht im tiefsten das Wesen des Glaubens aus, wie ich schon früher in unserem Gespräch betonte.

Machovec: Die Theologen wissen doch immer eine Antwort.

Pöhlmann: Das ist keine Antwort, sondern die Kapitulation vor dem Geheimnis, das Gott ist. Religion ist Auslieferung an das Unfaßliche oder sie ist nicht Religion.

24. Lebensschwung

Gibt es Gottesbeweise?

Machovec: Was würdest du einem Menschen antworten, der zu dir kommt und sagt: »Es gibt keinen Gott. Ich habe keine Beweise für seine Existenz. Können Sie mir Beweise nennen, daß es ihn gibt?«
Pöhlmann: Ich würde antworten: Es gibt keine zwingenden Beweise für Gott nach Art von naturwissenschaftlichen Beweisen, die es mit der Gegenstandswelt zu tun haben. Gott ist das Unfaßliche, kein faßbarer Gegenstand, er ist Geheimnis, kein geheimnisloses Ding. Zwingende Beweise würden ihn zu einer Sache dieser Welt machen, der er doch der ganz Andere ist. Die Liebe zwischen Menschen ist doch auch nichts Beweisbares, der Liebende kann auch nicht beweisen, daß er liebt. Er liebt eben, weil er liebt, und er liebt sogar Gegenbeweisen zum Trotz. Ähnlich ist es mit Gott, dem ich ebenso nur auf der Erlebnis- und Erfahrungsebene begegne, nicht auf der Ebene der Gegenstandswelt, wo es zwingende Beweise gibt. Auch hier gibt es keine *Be*weise, sondern nur *Hin*weise, also Argumente auf der intuitiven Erfahrungsebene, die nie zwingend sein können.
Machovec: Also geht's in der Religion um eine subjektivistische Gefühlssache, wo der Verstand außen vor bleibt. Sie ist nichts für vernünftige Menschen, sondern nur für emotionale Menschen. Nietzsche redete spöttisch von den »kleinen Geistern« mit »umfänglichen Seelen«.
Pöhlmann: Das ist ein Mißverständnis von Religion. Das Denken wird hier nicht durchgestrichen, sondern über sich hinausgeführt. Zu begreifen, daß es Unbegreifliches gibt, ist doch das Höchste, was der Verstand leisten kann, nicht aber seine Ausschaltung.
Machovec: Ich verstehe. Ich weiß, daß ich nichts weiß – meinte Sokrates. Das ist Prämisse auch jeder Philosophie, die auf sich hält. Aber ich frage nochmals, welche Argumente auf der Erfahrungsebene gibt es für Gott?

Pöhlmann: Ich habe in unseren Gesprächen schon einige genannt, vor allem das Wichtigste: Gott ist das wahre Du meines Lebens. Es wäre in der Tat alles sinnlos, wenn es keinen Gott gäbe, wenn es nur die Menschen gäbe, wenn es nur die Welt gäbe, wenn es nicht dieses wahre Du meines Lebens gäbe, das mich im Unterschied zum menschlichen Du unbedingt annimmt, das im Unterschied zum menschlichen Du immer bei mir bleibt, im Leben und im Tod, auch dann bleibt, wenn sonst nichts bleibt. Im Grunde sehnt sich jeder Mensch nach diesem absolut verläßlichen Du, Gott genannt, zumal in unserer Zeit, die von Einsamkeit, Antwortlosigkeit, Sprachlosigkeit, Gleichgültigkeit, funktionaler Sachlichkeit und Kälte geprägt ist. In diesem Du habe ich aber nicht nur einen Freund, mit dem ich immer sprechen kann. Es bleibt bei diesem Gott nicht nur bei Worten. Er geht für mich in den Tod am Kreuz von Golgatha, so sehr liebt er mich. Wenn es ein Argument gibt für diesen Gott, dann dieses.
Machovec: Ich habe bereits meine Bedenken gegen dieses Argument angemeldet, das höchstens für Insider evident ist und nur einen esoterischen[25] Wert hat.
Pöhlmann: Ich habe da andere Erfahrungen gemacht. Doch ich möchte noch andere Gotteshinweise nennen, um das Geheimnis Gottes zu umschreiben. Man kann dieses Geheimnis ja nicht *be*schreiben, nur *um*schreiben, und man muß es immer neu und mit immer neuen Begriffen umschreiben, nicht nur mit einem einzigen – sonst würde man, so Luther, Gott »in den Kasten schließen«.
Wichtig ist mir als weiteres Argument für Gott in Weiterführung Rahnerscher Gedanken: Gott ist der Horizont meines Lebens, ohne den es keine Perspektive mehr hat. Wie jeder Horizont ist dieser Horizont grenzenlos; d. h. ich bin ständig unterwegs zu ihm in der Hoffnung auf das volle Glück, das ich

25. Für den inneren Kreis der Eingeweihten der ohnehin Glaubenden.

diesseits des Todes erfahrungsgemäß nie erreiche; und so bleibt mein Leben gespannt nach vorn und es sackt nicht zusammen. Obschon der Horizont grenzenlos ist, umgrenzt er mich zugleich wie eine bergende und schützende Kuppel. Gott ist der letzte Sinn, aber auch der *umschließende* Sinn meines Lebens inmitten des Sinnlosen, »das Umgreifende« – wie Jaspers sagt.

Machovec: Du weißt, daß ich hier weithin zustimmen kann.

Pöhlmann: Ich könnte auch mit Goethe argumentieren: Gott ist das, »was die Welt im Innersten zusammenhält« und ohne das sie auseinanderfällt. Gott ist der Sinnzusammenhang der Welt, ohne den sie in lauter sinnlose Teile zerfällt. Er ist der universale Bezugspunkt des Kosmos, durch den die sinnlosen Punkte Linien bekommen. Gott ist Evolutor der Evolution oder der planende Geist der Welt, ohne den die wunderbare Ordnung der Sternenwelt oder die Zielgerichtetheit des übrigen Kosmos nicht erklärt werden kann. Vom Menschen können die Gesetze, nach denen die Evolution verläuft, nicht stammen, da er das Endprodukt der Evolution ist und da sie der Evolution vorausgehen. Von irgendwoher müssen sie aber kommen. Aus nichts wird nichts. Es gibt keine anfangslose Bewegung. Albert Einstein und Werner Heisenberg haben diese Ordnungsstrukturen der Welt auf eine ordnende Macht zurückgeführt. Einstein bekennt sich zu einer »kosmischen Religiosität«, wenn er auch einen »persönlichen Gott« ablehnt. Diese kosmische Religiosität besteht »im Staunen über die Harmonie der Naturgesetzlichkeit«, die er auf eine übermenschliche »Vernunft« zurückführt. Ähnlich Heisenberg, demzufolge die Ordnung des Kosmos nur zu erklären ist, weil hinter ihr ein »Bewußtsein« und eine »Absicht« zu denken ist. Ebenso äußern sich die Physiker Schrödinger, Pauli, Bohr und Eddington. Ein Mensch, der eine Sternwarte besucht und die wunderbare Ordnung der Sternenwelt dort erklärt bekommt, kann eigentlich nicht anders, als an so einen planenden Geist zu glauben.

Aber nicht nur die Ordnung des Kosmos läßt rückfragen nach einem Ordnungsprinzip, auch die Unordnung in der Welt. Unzählige leiden unter Folter, Gefängnis, Ausbeutung und Unterdrückung und sind stumm geworden in ihrer dumpfen Verzweiflung. Für sie wäre alles sinnlos, wenn sie nicht den Glauben hätten, daß es einen Gott gibt, der ihr Recht verficht und der schlußendlich eingreift. Was hätten wir anderes hoffen können im Zweiten Weltkrieg und in der Nazizeit, als daß Gott siegt, nicht Hitler? Gott ist ein anderes Wort für diese Macht, die stärker ist als das Böse und die stärker ist als alles, was Angst macht.

Machovec: Ich bezweifle, ob deine – zugegeben klugen – Argumente für Gott den durchschnittlichen Menschen des 20. Jahrhunderts – etwa einen Geschäftsmann – überzeugen können.

Pöhlmann: Ich will nicht mehr als daß er nachdenkt über Grund und Ziel des Lebens. Daß diese Argumente nicht für jedermann zwingend sind, habe ich ja anfangs betont.

Machovec: Der große Philosoph Immanuel Kant hat doch schon aufgewiesen, daß es keine Gottesbeweise gibt und daß man aus den ewigen Gesetzen des Kosmos nicht unbedingt auf die Existenz eines Gesetzgebers schließen kann.

Pöhlmann: Es geht mir nur um *Hin*weise, nicht *Be*weise, Gott kann nicht bewiesen werden, er *er*weist sich selbst. Ich kann nur auf die Chiffren hinweisen, in denen er sich erweist. Der eine entziffert sie, der andere nicht.

Machovec: Sehr überzeugend finde ich die auch mir bekannten Thesen von Einstein und anderen Physikern. Nur weiß ich nicht, ob sie für *Dich* und nicht eigentlich für *mich* sprechen. Ich denke, daß diese Sätze der großen Physiker vorwärtsweisen wollen zu etwas Anderem, Neuen, nicht aber zurück zu den Gottesmodellen des Altertums oder Mittelalters, die sie ablehnen. Ich kann diese Religiosität von Einstein bejahen. Das Wort »Weltfrömmigkeit«, das ich bei Goethe fand, drückt etwas Ähnliches aus. Ich sagte ja schon in einem früheren Gespräch, daß ich einen Weltengrund bejahe. Ich stimme hier mit

dir weithin überein und will dasselbe wie du beweisen. Es genügt nicht, in den alten abgenützten Formeln von Gott zu reden. Ich möchte den wahren Kern des Gottesglaubens retten, den die Schüler von Marx und Feuerbach auch gar nicht vernichten wollten; vernichten wollten wir die gesellschaftsökonomische Schale und Gestalt dieses Glaubens. Wir wollen alles Suchende, alles Ideale, die Welt Transzendierende retten, aber es mit einer Weltanschauung und einer Lebensauffassung verbinden, die mit der Normalerfahrung des modernen Menschen zu vereinbaren ist. Wir sind überzeugt, daß diese Thesen von Goethe bis zu Einstein zeigen: Vergeßt nicht die Erfahrung der Religion, aber macht es anders als die bisherige christliche Tradition mit ihren hohlen Formeln, wie ich sie in den religiösen Morgenfeiern des deutschen und österreichischen Rundfunks oder vom Papst höre, dessen Predigten vorgoethischen und voreinsteinschen Modellen verpflichtet sind, mit denen man nur die Menschen im Mittelalter ansprechen konnte.
Zu deinem Argument: Es muß eine Macht geben, die stärker ist als das Böse, wenn nicht alles sinnlos werden soll, die Gefolterten und Gequälten müßten verzweifeln ohne diesen Glauben an einen, der eingreift, ohne Eingriff von außen. Hier wird Religion wieder zur billigen Vertröstung. Nicht ein Gott kann Menschen von Folter und Gefängnis befreien. Wir müssen selber eine Welt ohne Folter und Gefängnisse schaffen.
Pöhlmann: Sicher müssen wir das versuchen. Aber erfahrungsgemäß gelingt das nicht, wie die Menschheitsgeschichte zeigt. Oder meinst du im Ernst, daß die Menschen besser geworden sind seit der Aufklärung oder seit den Revolutionen? Es geht immer wieder um die Kernfrage: Kann sich der Mensch selber befreien vom Bösen? Das ist die entscheidende Frage zwischen Atheismus und Christentum. Meines Erachtens kann der Mensch nur das Maß an Unfreiheit einschränken, er kann sich aber nicht selber befreien. Er kann sich nicht vom Bösen befreien. Das Böse ist ein Gefängnis, aus dem man nur von außen befreit werden kann. Alles wird sinnlos, wenn es nicht eine

Macht gäbe, die uns befreit von allem, was uns gefangennimmt, und die das Gute schlußendlich siegen läßt. Diese Macht ist Gott. Ist nicht der Marxismus eine Illusion, wenn er meint, der Mensch könne sich selber befreien von allem Bösen? Hat der real existierende Marxismus nicht das Gegenteil bewiesen?

Machovec: Kein vernünftiger Marxist und Atheist hat je behauptet, daß der Mensch sich selber völlig vom Bösen befreien kann. Wir wollen uns demütig damit bescheiden, den Menschen in der Zukunft etwas freier zu machen, indem wir den Hunger und das schlimmste Elend beseitigen und so das Reich der Freiheit aufbauen. Wir können nur das Reich des Bösen etwas kleiner machen. Niemand hat bei uns je gesagt, daß wir fähig sind, überhaupt das Böse zu beseitigen. Ich meine umgekehrt, es ist eine Illusion, wenn das Christentum auf so eine allmächtige Macht baut. Die Erfahrungen von Millionen von Menschen sprechen gegen so eine Macht. Du sagtest, wir brauchen eine Macht, die uns befreit vom Bösen, also existiert sie. Das ist ein Wunschdenken. Der Durst ist kein Beweis für die Quelle. Die meisten Menschen der letzten Jahrhunderte sind betrogen worden in ihrer Hoffnung auf so eine Macht, und es ist sehr unwahrscheinlich, daß so eine Macht existiert. Die Menschen haben begriffen, daß sie selbst gegen das Böse kämpfen müssen, statt sich auf so eine Fiktion zu verlassen. Diese Macht war für Unzählige eine Vertröstung, kein Trost.

Pöhlmann: Anderen und auch mir war sie Trost in schlimmen Zeiten. Das lasse ich mir nicht abmarkten.

Machovec: Gut. Jedenfalls haben viele, die ich kenne, die Erfahrung gemacht, daß es keine solche tröstende Macht gibt, daß es keine solche Instanz, die von außen her mirakulös eingreift, gibt und daß man das selbst besorgen muß, etwa durch den Freund, die Partnerin, die Mutter, den Vater. Aber daß eine außerweltliche Instanz oder außermenschliche Person, ein Übervater, der wahrscheinlich nicht existiert, mich trösten soll, auf so etwas will sich niemand und kann sich niemand stützen. Wie ich sehe, sind die Theologen nicht fähig, den Menschen

Sicheres zu beweisen und sichere Garantien zu geben. Die Menschen wollen etwas sehen von dieser Macht, sie lassen sich keinen blauen Dunst vormachen. In unserem Wissenschaftszeitalter zählen nur gesicherte Tatsachen.
Pöhlmann: Das erinnert mich an den Satz Bertolt Brechts aus der »Heiligen Johanna der Schlachthöfe«: »Darum, wer unten sagt, daß es einen Gott gibt und ist keiner sichtbar und kann sein unsichtbar und hülfe ihnen doch, den soll man mit dem Kopf auf das Pflaster schlagen, bis er verreckt ist.«
Machovec: Ich würde es nicht so brutal ausdrücken, obschon man Brecht verstehen muß, der sich gegen Vertröstung und Priesterbetrug wendet.

Gibt es nur die Materie oder eine zweite geistige Dimension?

Pöhlmann: Du hast dich immer zum Materialismus bekannt, etwa in deinem Buch »Vom Sinn des menschlichen Lebens«. Du sagtest gerade, der Mensch braucht etwas Greifbares, Sicheres, Sichtbares; für ihn existiert nur, was sichtbar und greifbar ist; Gott ist nicht sichtbar und greifbar. Also existiert er nicht – so das Materialismuspostulat. Ich frage zurück: Gibt es nicht im Leben eines jeden Menschen und auch in deinem Leben vieles, was nicht sichtbar und greifbar ist und doch existiert, wie die Liebe und Treue zwischen zwei Menschen? Genauso ist es aber mit Gott. Du sprachst von Sicherheit. Wir Theologen unterscheiden Sicherheit und Gewißheit, Absicherung, die nichts wagt, und das Wagnis, daß ich mein Herz vorauswerfe und mich entsichere. Ich bin dieser Liebe und Treue von Menschen nicht »sicher«, aber ich bin ihrer gewiß – sogar allen sicheren Gegenbeweisen zum Trotz. Und das ist viel mehr. Ich bin Gottes nicht »sicher«, aber gewiß, und das ist viel mehr. Ich sagte schon: Man muß die zwei Ebenen, die zwei Dimensionen der Wirklichkeit unterscheiden: Es gibt neben der Ebene der Gegenstandswelt, wo es sichere Beweise gibt, die Erlebniswelt, wo ich intuitiv fühle und die sich dem berechnenden Verstand entzieht. Ich habe hier keine Sicherheit, sondern Gewißheit, hier kann ich nicht auf Nr. Sicher gehen wie in der Gegenstandswelt, hier gibt's nur das Wagnis des Glaubens. Hier geht's um das Geheimnis, nicht um verfügbare Sachen. Wirklichkeit würde verarmen ohne diese zweite Dimension des Erlebens, Glaubens, Wagens, Staunens. Sie würde verarmen, hätte sie nur die *eine* Dimension des Beobachtens der Gegenstandswelt und des berechnenden Verstandes. Für den einen ist der Blick aufs Meer das Erlebnis der Grenzenlosigkeit, für den anderen ist es H_2O. Der eine freut sich über die Blume und sie spricht zu ihm, für den anderen ist sie die »Begonia semperflorens« aus der Gattung der »einjährigen Sommerblumen«. Der eine hebt das welke Baumblatt vom Boden auf, hält es gegen die Sonne und erlebt es als Wunder, für den anderen ist es Abfall. »Das Eigentliche ist unsichtbar«, sagt Saint-Exupéry im »Kleinen Prinzen«. Gott zu einer sichtbaren, greifbaren, sicher beweisbaren Sache zu machen, würde ihn zerstören, der er ein Geheimnis ist, ebenso wie man alles andere auf der Erlebnisebene – wie die Liebe und Treue – zerstören würde, wenn man sie zu einer sichtbaren, greifbaren, gesicherten, verfügbaren Sache machen würde, wo's nichts mehr zu glauben gäbe und kein Geheimnis mehr gäbe. Du hast doch eigentlich selber immer diesen platten Materialismus verworfen.

Machovec: Natürlich identifiziere ich mich nicht mit diesem vulgären, praktischen Atheismus, der auf dem Standpunkt steht: »1 Pfund Rindfleisch gibt eine gute Suppe«. Ich verurteile diesen praktischen Atheismus, der nicht denkt, sondern das Leben auf das physiologische Konsumieren reduziert. Auch die marxistischen Humanisten haben immer betont, daß man den Menschen erziehen soll für kulturelle und geistige Werte wie etwa die Musik. Sicher gab es auch den flachen Materialismus in der marxistischen Bewegung.

Pöhlmann: Ich geb' dir da voll und ganz recht! Aber trotzdem seid Ihr Marxisten doch Materialisten, für Euch gibt's doch diese zweite Ebene des Erlebens, Fühlens und Staunens, diese geistige Ebene gar nicht. Geist ist doch verfeinerte Materie oder Reflex der Materie, aber keine gesonderte Wirklichkeit.

Machovec: Nein, das ist ein idealistisches und christliches Vorurteil. Der Geist ist etwas anderes als die Materie. Der marxistische Materialismus ist kein banaler Materialismus, der nur eine rohe geistlose Materie gelten läßt. Wenn wir von Materialismus sprechen, lehnen wir lediglich die Verdoppelung der Welt durch eine Überwelt immaterieller Wesen ab, die ja nur eine phantastische Widerspiegelung der *einen* Welt ist, die den Menschen entfremdet und in der er es nicht mehr aushält – folglich sich eine bessere Welt austräumt, die kein Mensch beweisen kann. Der Materialismus will desillusionieren: Es gibt keine Instanz aus einer anderen Welt, die die Welt erschaffen hat und die in sie eingreift. Hilf dir selbst, statt auf so eine Instanz zu warten.

Pöhlmann: »Man muß kämpfen, nicht auf die Knie fallen« – wie Camus sagt.

Machovec: Ja. Wir haben nie den Geist verneint, sondern die Geister. Wir haben nie den Geist verneint, sondern die Geister, die eingreifen sollen aus einem Jenseits und die nur auf einer Einbildung beruhen. Wir haben auch nie behauptet, daß es nur die Materie gibt und daß der Geist zufällig ist und als etwas Sekundäres dazu gekommen ist. Soweit ich weiß, plädierten Marx und alle marxistischen Humanisten immer für das Geistige, und sie sahen das Wichtigste im Leben nicht in den Sachen, sondern in den Werten, der Freiheit, der sozialen Gerechtigkeit, der tieferen Mitmenschlichkeit usw.

Pöhlmann: Ich muß zum wiederholten Male feststellen: Mein Gott ist kein Geist aus dem Jenseits. Er ist hier. Er ist kein Übervater, sondern mein Bruder und mein Freund. Das Gebet zu ihm macht mich nicht schwach, sondern stark, um kämpfen zu können. Ich brauche diesen Freund. Mit einem unpersönlichen Weltengrund kann ich nichts anfangen. Das ist der Unterschied zwischen uns.

Machovec: Ich brauche auch Freunde, aber eben sichtbare, greifbare wie dich und andere. Ich finde dein Gegenargument gegen das Materialismuspostulat nicht ganz schlüssig. Auf den Einwand: Es existiert nur, was sichtbar und greifbar ist, Gott ist nicht sichtbar und greifbar, also existiert er nicht – hast du gekontert: Es gibt doch im Leben eines jeden Menschen vieles, was existiert, ohne daß es sichtbar und greifbar ist wie die Liebe zwischen zwei Menschen. Ähnlich sei es mit Gott, der auch – obschon nicht sichtbar und greifbar – existiere. Aber kann man beides vergleichen? Die Liebe zwischen Menschen ist sicher unsichtbar und ungreifbar, aber doch nicht die *Menschen*, die lieben. Sie sind sichtbar und greifbar. Gott ist aber nicht sichtbar und greifbar.
Pöhlmann: Aber auch Gott hat eine sichtbare Gestalt angenommen, wenn er nach dem christlichen Glauben in Jesus von Nazareth Mensch geworden ist.
Machovec: Aber wie willst du beweisen, daß dieser Jesus Gott ist und nicht bloß ein Mensch?
Pöhlmann: Ich glaube es. Ich kann es auch aus der Bibel begründen (Joh. 1,1; 20,28; Phil. 2,6 usw.), womit ich freilich nur einen Insider überzeugen kann. Aber vielleicht greift doch der innere Grund: Wäre Jesus bloß ein Mensch und nicht Gott selber, dann könnte er mich nicht erlösen und mir nicht helfen. Er wäre für mich dann irrelevant. Er ist der Retter, nicht nur ein vorbildlicher Mensch. Vorbildliche Menschen gibt's auch in anderen Religionen und Weltanschauungen. Ich halte zudem nicht viel von Vorbildern. Sie können einen erdrücken. Man hat Jesus leider oft im Christentum zum überlebensgroßen Tugendlehrer gemacht mit hochgerecktem Zeigefinger. So ein Jesus läßt mich kalt. Als Petrus im See Genezareth zu ertrinken drohte, hob Jesus nicht seinen Zeigefinger hoch, sondern er streckte ihm die Hand hin und zog ihn heraus (Matth. 14,31). Das ist mein Jesus. So einen Jesus brauche ich.
Machovec: Mich läßt eher dieser vergötterte Mensch, zu dem

ihn die Kirche gemacht hat, kalt. Dieser Halbgott, der 1 m über dem Boden der Wirklichkeit schwebt.
Pöhlmann: Er war kein vergötterter Mensch, sondern der menschgewordene Gott, eben der Gott, der es nicht besser haben will als wir Menschen, der Mensch wird wie wir, der hinabsteigt in das Lochgefängnis unserer Angst, Not und Schuld, um uns herauszuholen. Ein bloßer Mensch hätte das nicht tun können, weil er selber mit uns in diesem Lochgefängnis sitzt. Rettung kommt nur von außen.
Machovec: Genau an diesem Punkt können wir uns nie einigen. Jesus war ein Revolutionär, der zusammen mit uns den Umbruch des Bestehenden und eine bessere Welt schaffen wollte. Er predigte, daß die bessere Zukunft nicht etwas ist, was von außen oder oben hereinbricht wie ein Unwetter. Die bessere Zukunft ist *unsere* Sache. Jesus hat die Zukunft von den himmlischen Wolken heruntergeholt in unseren Alltag, wo es gilt, eine menschlichere Welt zu schaffen.
Pöhlmann: Das wollte er sicher auch. Aber er wollte mehr. Auf keinen Fall predigte er die revolutionäre Selbsterlösung des Menschen – wie Karl Marx. Solche Versuche schlugen alle fehl, wie der real existierende Marxismus zeigt. Der Satz des Schriftstellers Peter Rühmkorff umreißt treffend die postrevolutionäre Situation unserer Zeit: »Wenn das letzte Winterpalais gestürmt ist und die Einzelseele trotzdem unerlöst in die Röhre guckt ...«

Brauchen wir Gott nur im Unglück?

Machovec: Warum redest du in einem fort von der Not, aus der der Mensch gerettet werden muß, als wäre Gott nur eine Notbremse. Was ist das für ein Gott, der das Unglück der Menschen braucht, um nicht arbeitslos zu werden?
Pöhlmann: Du hast recht. Diese Einseitigkeit war ein Irrweg der Theologie. Wir lassen uns hier gern zurückpfeifen von

einem, der mit dem fremden Blick von außen vieles kritischer sieht, was bei uns zur schlechten Gewohnheit wurde. Der biblische Gott begegnet dem Menschen nicht nur im Unglück, sondern vor allem im Glück. Wir haben diesen Punkt schon einmal angesprochen, als du fragtest, ob Gott für uns nur Lückenbüßer ist. Mir fällt da das Buch ein von Stefan Andreas, »Reporter Gottes«, das in den 50er Jahren Furore machte. Ein Reporter fragte Menschen, ob sie beten. Eine junge Frau antwortete, sie würde beten, wenn sie »sehr glücklich« ist, etwa als sie sich verliebt hat in ihren Partner. Gerade überströmendes Glück drängte sie, einer höheren Macht zu danken. Im Hohenlied des Alten Testaments werden die »Feuergluten« der erotischen Liebe als »Flamme Gottes« bezeichnet (8,6). Immer, wenn uns ein Glücksgefühl überfällt, ist Gott am Werk, den ich in unserem Gespräch ja schon mal als das letzte Glück definieren konnte – sehr zu deinem Mißfallen. Sicher ist alles Glück »durch seine Widerruflichkeit entstellt« – wie Adorno einmal sagte. Im Unglück unterfaßt zu sein von Gottes Liebe ist ja auch Glück. Ich will nicht erbaulich werden. Aber das kann doch glücklich machen, mit dem Psalm 23 zu beten: »Und ob ich schon wanderte im finstern Tal, fürchte ich kein Unglück. Denn Du bist bei mir!«
Machovec: Wieder ist das Du der Streitpunkt zwischen uns, nicht der Psalm. Den kann ich auch sprechen. Aber das Du wäre für mich ein menschliches Du. Aber lassen wir das. Durch Wiederholung wird ein Argument nicht überzeugender.
Pöhlmann: Ob dieses Du im Psalm 23 nun ein außermenschliches oder zwischenmenschliches ist, Glück ist für uns jedenfalls mehr als das Lecker-Locker-Leichte. Eben ein Du zu haben, ob dieses Du nun Gott ist, der Mensch und mein Freund wird, oder ein Mitmensch. Hier wird ein tiefer Konsens sichtbar, der folgenschwere Mißverständnisse aus dem Weg räumt zwischen Atheismus und Christentum: Als wäre Gott – so Nietzsche – ein überhöhter orientalischer Despot, vor dem der Gläubige kuschen muß und vor dem der Atheist folglich nicht kuschen

will. Er ist kein autoritärer, sondern ein partnerschaftlicher Gott, der Mensch wird und mit uns Menschen auf gleich ist. Gott wird in Jesus unser Bruder und Freund. Die Transzendenz im mitmenschlichen Du eint uns, so verschieden wir dieses Du auch immer definieren. »Dasein« ist »Dusein« – wie Erich Fried einmal sagte. Weiter gehen wir darin einig, daß diese Transzendenz nicht nur individualistisch, sondern kosmisch zu definieren ist, daß wir beide die bessere Welt erhoffen, eine bessere Welt, die wirklich ein Qualitätssprung ist, nicht nur eine Erhöhung des Lebensstandards, eine Sehnsucht, die über die Welt hinauszielt, die nicht nur »mehr« sucht, sondern das »Andere« sucht, nicht den Rausch des Quantitativen, von dem oft nur eine traurige Gier bleibt, sondern das »Novum«[26] und »Ultimum«[27] und »Totum«[28], um mit Bloch zu reden, nicht die schalen Paradieswonnen des high-life-Spießers auf Hilton-Hotelterrassen, sondern etwas, was totaliter aliter[29] ist. Uns eint als Christen und Marxisten diese eschatologische Grundhaltung, die sich nie mit dem Relativen zufriedengibt, sondern das Absolute erhofft, dieser »militante Optimismus« – um nochmals einen Begriff Blochs aufzunehmen. Wehe uns, wenn wir das Relative mit dem Absoluten, Teilziele mit dem letzten Ziel verwechseln und so unsere Horizonte verkürzen und kleinkariert werden. Auch der Atheist hat ja etwas Absolutes, das er an die Stelle Gottes setzt und wofür er lebt und stirbt – so verschieden die Namen dieses Absolutum auch immer in den verschiedenen Spielarten des Atheismus sind: Vernunft, Mündigkeit, Freiheit, Liebe, Leben, Friede. Auch der Atheist hat etwas, was ihn ausschließlich und unbedingt fordert. Wenn man bedenkt, daß nach dem 1. Gebot der Bibel *Gott* das Absolute ist, das mich ausschließlich und unbedingt fordert (2. Mose

26. Das Neue.
27. Das Letzte.
28. Das Ganze.
29. Vollkommen anders.

20,2f.), dann sind wir uns nicht so fern und meinen vielleicht mit verschiedenen Worten dasselbe. Es trennt uns nur eine dünne Wand, vielleicht nur eine Papierwand.

Machovec: Ich kann mich mit diesem Konsens im großen und ganzen einverstanden erklären. Ich wende mich nur dagegen, wenn man nicht ohne metaphysischen Retter leben kann, der von außen mit Astralhand eingreift. Dieses Rettersyndrom des Christentums hat pathologische Züge. Gesunde, selbstbewußte Menschen kommen ohne dieses Mirakel aus.

Pöhlmann: Das Christentum ist kein Sanatorium für Lebensschwache, sondern Lebensraum für alle. Auch darin besteht – denke ich – ein Konsens zwischen uns, daß *wir* etwas tun müssen und nicht im Wartezimmer einer besseren Zukunft sitzen bleiben dürfen. Die Situation ist vergleichbar mit einer Baustelle, wo die Bauleute das Haus bauen müssen, obschon sie es nicht ohne den Plan des Architekten machen können; oder sie ist vergleichbar mit einem Garten, den wir pflegen und hegen, obschon das Wachstum letztlich nicht in unserer Hand steht.

Gespräch am 17. Februar 1990 in Prag

Mystik und Transzendenz im Alltäglichen

Pöhlmann: Ich fuhr gestern mit den Studenten durch die schneebedeckte böhmische Berglandschaft. Kann der Mensch in der Natur Transzendenz[30] erleben, so daß er vom Unbedingten ergriffen ist? Wir haben uns heute morgen zur Einstimmung in unser Gespräch gegenseitig Beethoven-Sonaten vorgespielt. Ist Musik ein Transzendenzerlebnis?
Machovec: Musik ist nicht nur ein Spiel, sondern sie kann mich mit dem Unbedingten konfrontieren und mich in eine letzte Tiefe führen. Sie kann mich wie die Natur das »Göttliche« erleben lassen, sie kann mich – wie die Natur – das Grenzenlose erfahren lassen und mein Bewußtsein entschränken.
Pöhlmann: Aber die Natur kann mir nie die Rechtfertigung des Sünders allein aus Gnaden zusprechen, ebensowenig wie die Musik. Das kann nur ein Du, das mir auf den Kopf zusagt: Du bist freigesprochen, obschon Du schuldig bist. Du bist angenommen, obschon Du abgelehnt wirst. Du bist Wer und keine graue Maus.
Machovec: Ist das nicht wieder so eine Übertreibung der Theologen, die immer den Mund zu voll nehmen, statt vor dem Unaussprechlichen zu verstummen?
Pöhlmann: Wird der Marxismus durch die Mystik abgelöst? Statt Politik Innerlichkeit? Statt Gesellschaftsveränderung Flucht ins Private, statt Revolution Meditation?

30. Etwas die Welt Übersteigende (vom lat. transcendere: übersteigen), die Jenseitigkeit, Andersartigkeit.

Machovec: Das ist Realpolitik. Bei unserer »sanften Revolution« im November 1989 in der CSSR haben wir auf dem Prager Wenzelsplatz geschworen, daß wir künftig im Geiste Jesu Christi streiten werden, seien wir Christen oder Atheisten, daß kein Haß, sondern Liebe walten soll zwischen uns, daß wir nicht Rache üben, sondern vergeben wollen. Im Grunde hat in dieser Revolution die Bergpredigt gesiegt. Wir haben den Beweis erbracht, daß man mit der Bergpredigt Politik treiben kann und sie keine esoterische Privatmoral ist. Während 10 Tagen ist das angeblich allmächtige kommunistische System verschwunden, ein kommunistisches, in Wirklichkeit spätstalinistisches System, das sich kommunistisch nannte und das mit Karl Marx fast gar nichts zu tun hatte. Ein System der Willkür und der Korruption, das ohne jede Gewaltanwendung hinweggefegt wurde. Unsere »sanfte Revolution« zeigt, daß Politik und Mystik sich nicht ausschließen und daß das Erlebnis der Transzendenz in den Alltag hineingehört und kein dem Alltag entrücktes esoterisches[31] Privaterlebnis ist. Die Menschenmassen haben auf dem Prager Wenzelsplatz Beethovens »Freude, schöner Götterfunke« gesungen.

Woher kommt Freiheit?

Pöhlmann: Ich stimme dir grundsätzlich zu, es gibt mitten im Alltäglichen Transzendenzerfahrungen.[32] Doch nicht ein Götterfunke kann mich befreien, sondern nur Gott, nicht das Göttliche in mir, sondern das göttliche Du, das mir den freimachenden Freispruch zuspricht, den ich mir selber nie zusprechen

31. Innerlich, geheim
32. Die Theologie spricht von der »allgemeinen Offenbarung« Gottes an alle Menschen in der Schöpfung und Geschichte (Röm 1,19–20; 2,14f.; Apostelgeschichte 14,17; 17,23–28).

kann. Der Mensch kann sich nur vorletzte Freiheit erkämpfen, nicht die letzte Freiheit, die mich freimacht von Schuld, Angst und Tod. Ich könnte nie mit der um ihren Mann trauernden Witwe Gérard Philipes sagen: »Ich umarme mich selbst und presse mir die Hände gegen die Arme, damit ich aufhöre zu zittern«. Freiheit von der Welt kann nur kommen von einer außerweltlichen Macht.

Ist es nicht grotesk, daß einst der Marxismus das Christentum bekämpfte, weil es den Menschen unfrei macht, daß aber nun das Christentum der Vorreiter der Freiheit war im Kampf gegen einen Marxismus, der den Menschen unfrei macht? Du hast ja selber im Bürgerforum mitgekämpft in der tschechoslowakischen Revolution November 1989, zusammen mit Christen wie Vaclav Havel. Widerlegt nicht die protagonistische[33] Rolle der Kirche in den Befreiungsbewegungen des Ostblocks das Klischee, sie sei eine entfremdende Zwangsstruktur und ein krankmachender Angstapparat?

Machovec: Ich gehörte zu jenen Schülern von Marx, die schon in den 50er und 60er Jahren gegen solche Vereinfachungen protestierten. Ich habe immer betont, daß die Religion nicht nur Opium des Volkes ist, sondern befreiend wirken kann, wenn sie die Frage nach dem Sinn des Lebens stellt,

Pöhlmann: weil der Mensch durch die Sinnfrage offenbleibt nach vorn und nicht in sich zusammensackt,

Machovec: wie wir schon feststellten. Ich habe bereits damals mehrmals gesagt: der Marxismus als Ideologie, der Marxismus des stalinistischen Apparats sei Opium des Volkes.

Schon Marx und seine vernünftigen Schüler wußten, daß die Religion, besonders das Judentum und Christentum, innovatorisch[34] wirkt.

Pöhlmann: Du meinst das Messianische der biblischen Religion.

33. Protagonist, vom griech. Vorkämpfer.
34. Erneuernd, von Innovation – lat. Erneuerung.

Machovec: Ja, das Messianische, das Prinzip des Exodus:[35] Du sollst herausgehen aus dem bequemen Land der vollen Töpfe in die Wüste!
Pöhlmann: Nach Bloch ist ja dieser Exodus aus dem status quo die geheime Achse der Bibel und die wahre Transzendenz[36], der Ausbruch und Aufbruch ins Neue, Ungebahnte.
Machovec: Ja, ich hatte nie Schwierigkeiten mit Jesus, aber ich hatte oft Schwierigkeiten mit den Jesusverehrern. Die atheistische Kritik im 19. und 20. Jahrhunderts ist nicht Kritik an Jesus oder am biblischen Glauben und am Exodusprinzip. Sie ist Kritik an der herrschenden Theologie und Praxis des Christentums, an der Predigt der Priester.

Ende des Marxismus?

Pöhlmann: Hat der Marxismus noch eine Zukunft, der doch die Menschen versklavt hat, statt sie aus der Sklaverei zu befreien – wie Marx es wollte?
Machovec: Der Marxismus Stalins und seiner bornierten Nachfolger um Breschnjew ist tot. Dieser Marxismus, der nur auf Machterhaltung aus war und nichts verändern wollte, dieser Marxismus des staatlich verordneten Glücks und der pathetischen Maiparaden ist passé. Denn er war eine absolute Lüge. Er hat so wenig mit der ursprünglichen Lehre von Karl Marx zu tun wie Torquemadas[37] Inquisition mit der Bergpredigt Jesu. Dieser Marxismus ist tot, nicht aber die Zukunftsvision von Karl Marx und sein Kampf gegen soziales Unrecht.

35. Griech. Auszug, gemeint ist der Auszug Israels aus der Sklaverei Ägyptens (2. Mose 12).
36. zum Begriff s. o. Fußnote 6.
37. Spanischer Großinquisitor (1483–1498), der Tausende hinmorden ließ.

Pöhlmann: Aber das kann man auch ohne Marxismus tun.
Machovec: Gewiß. In der Sowjetunion sagt man: »Laßt die Klassiker schlafen!« Lenin ist dort keine Norm mehr, sondern eine historische Größe wie Kaiser Karl IV. für die Tschechen oder Friedrich der Große für die Deutschen.

Ende des Atheismus?

Pöhlmann: Ist im Ostblock mit dem Marxismus nicht auch der Atheismus zusammengebrochen? Gibt dir das als Atheisten nicht zu denken, daß viele Christen, die vom kommunistischen Staatsatheismus verfolgt wurden, tapfer blieben, weil sie einen letzten Halt in ihrem Glauben hatten?
Machovec: Ich habe als Atheist einen tiefen Respekt vor den vielen Pfarrern und Nonnen, die sich so mutig zu ihrem Glauben in der Hitlerdiktatur und in der stalinistischen Ära in meinem Land bekannt haben. Der organisierte Atheismus ist absolut gescheitert. Dieser organisierte Atheismus war in gewisser Hinsicht ein Tiefpunkt in der Geschichte des Atheismus. Wir können den organisierten Atheismus mit der Kirche vergleichen, in der auch die Wahrheit institutionalisiert wurde. Man kann Wahrheit nie institutionalisieren und man kann Wahrheit nicht auf Flaschen ziehen und über sie verfügen. Wir sind immer unterwegs zur Wahrheit.
Pöhlmann: Das sagt auch Paulus, wenn er vom Stückwerkcharakter der Wahrheit im 1. Korintherbrief redet (1. Kor. 13,9–12).
Machovec: Wir müssen die ausgetretenen Trampelpfade der Wahrheit verlassen. Wir sind immer unterwegs zur Wahrheit. Wahrheit ist immer eine Suchbewegung. Auch in der Kirche gab es die unselige Ausscheidung von Ketzern durch die Wahrheitsverwalter. Dasselbe wiederholte sich im staatlich organisierten Atheismus, wo primitive Menschen, die nichts von Wissenschaft verstehen, den Menschen im Namen der »Wis-

senschaft« den Atheismus aufoktruieren wollten. Man kann Wahrheit nie organisieren.

Pöhlmann: Wir sollten uns das beide ins Stammbuch schreiben, Atheisten wie Christen. Was ist die Reformation anderes als ein Protest gegen die verwaltete Wahrheit, ein Protest gegen die Kanalisierung von Wahrheit? Obschon wir Protestanten dieses reformatorische Erbe selber oft verraten haben, ist es heute so aktuell wie noch nie. Ich meine mit diesem Erbe das protestantische Prinzip, daß ich als Mensch unmittelbar bin zu Gott und daß sich niemand zwischen mich und Gott schieben kann, weder ein Papst noch ein Bischof, noch ein Pfarrer, noch die Kirche, noch die Gesellschaft oder gesellschaftliche Mehrheitsmeinungen, daß ich aus eigener Verantwortung lebe, die mir niemand, weder die Kirche noch ein Kollektiv abnehmen kann. Die moderne Demokratie fußt auf diesem protestantischen Prinzip, sie ist ja im protestantischen Nordamerika entstanden. Nur die Bindung an Gott macht frei von allen falschen Bindungen. Als Ceauscescu hingerichtet worden war, hieß es im rumänischen Radio: »Der Atheist Ceauscescu ist tot!« Hat sich der Atheismus nicht für alle Zeiten kompromittiert?

Machovec: Wie der Pseudomarxismus der Wahrheitsunterdrückung tot ist, so ist auch der organisierte Atheismus tot, nicht aber der Atheismus an sich. Ich meine den methodologischen Atheismus. Ihm gehört die Zukunft.

Der methodologische Atheismus als Alternative?

Pöhlmann: Was verstehst du unter dem methodologischen Atheismus?

Machovec: Ich muß etwas weiter ausholen: Es war kein Rückschritt, sondern ein Fortschritt, als am Anfang der Geschichte die Gottesidee entstand. Wie von selbst mußte der Mensch, wenn er nachdenkt, auf eine Kraft rückschließen, die alles erschaffen hat und die alles zum Ziel führt. »Gott« ließ den Menschen erkennen: Der Kosmos ist eine Einheit, und wir müssen den Sinn des Lebens suchen. »Gott« ist das Sinngebende im Kosmos. Das und sonst nichts ist der Ursinn von Religion bei Jesus, Augustinus und vielen modernen Theologen. Das war ein echter Erkenntnisfortschritt am Anfang der Menschheit, als sie aus dem Dämmer erwachte und erkannte: Es gibt einen höheren Sinn, es gibt etwas Höheres als das menschliche Leben.

Pöhlmann: Der Mensch verdankt sich nicht selbst.

Machovec: Und dann kamen die Theologen und machten aus diesem Gott einen Hans Dampf in allen Gassen, der bei jedem Halsweh und jedem gebrochenen Bein eingreifen mußte und der dazu mißbraucht wurde, jedes ungelöste Rätsel zu lösen. Er wurde zum Handlanger degradiert, der überall helfen mußte, wo der Mensch sich selber nicht helfen kann. Er schwamm als Fettauge auf allen Suppen. Alles und jedes wurde durch die Gotteshypothese erklärt, und man schreckte nicht vor der Abgeschmacktheit zurück, zu behaupten: Gott habe »alle Haare auf unserem Haupt gezählt« (Matth. 10,30).

Pöhlmann: Gott wurde zum metaphysischen Alleskleber.

Machovec: Alles, was wissenschaftlich nicht erklärt werden kann, sollte durch Gott erklärt werden, und Gott starb so den Tod von tausend Einschränkungen, weil man immer mehr wissenschaftlich erklären konnte.

Pöhlmann: Laplace[38] gab dieser Theologie die Quittung, wenn er meinte, er komme in der Wissenschaft ohne die Gotteshypothese aus. Und Paul Valery[39] spottete, »Götter« sind nichts anderes als unsere »Ausfallserscheinungen«.

Machovec: Ja. Seit 3000 Jahren gibt es diese Phantasmagorie[40] »Gott«. Gegen diesen Gott, der zum bloßen Wissenschaftsersatz und Kreuzworträtsellöser herabgekommen war, hat sich

38. Naturwissenschaftler († 1827).
39. Französischer Dichter und Denker († 1945).
40. Truggebilde.

der methodologische Atheismus formiert, der sich weigerte, alles so primitiv durch einen metaphysischen Eingriff zu erklären. Man muß in der Physik, aber auch in der Philosophie und Geschichte ohne die Hypothese Gott arbeiten, wenn man in ihr sachgemäß vorgehen will. Damit wollte man nicht behaupten, daß es keinen Gott gibt, sondern daß man ihn nicht so billig haben kann.

Pöhlmann: Auch die Bibel weiß: Er hat uns teuer erkauft am Kreuz (1. Kor. 7,23).

Machovec: Er ist kein billiger Allzweckkleber, mit dem man alle Rätsel überkleistert.

Pöhlmann: Er ist selber ein Rätsel, oder sagen wir besser, ein Geheimnis, ein unfaßliches Geheimnis, das unaussprechliche Geheimnis. Immer wo ich in meinem Leben auf ein Geheimnis stoße, das mir die Sprache verschlägt, begegne ich Gott. Gott ist dort, wo das Unfaßliche mittem im Alltag begegnet, unfaßliche Vergebung, wenn ein Mensch, den ich verletzt habe, mich an den Armen packt und freundlich anlacht, unfaßliche Freude, wenn ich nach einer Kurve im Wald plötzlich ein Abendrot vor mir sehe.

Machovec: Gott ist ein Geheimnis, kein Deus ex machina, kein »Gott aus der Maschine«, der wie im griechischen Theater von oben runterspringt und alle Probleme löst.
Gott ist kein Mädchen für alles.

Pöhlmann: Wenn er auch nach der Bibel »Alles in allem ist« (1. Kor. 15,28; Eph. 1,23), also auch Alles im Alltag des Berufs und in der Wissenschaft, nicht nur etwas für den Sonntag, fürs Private und für feierliche Grenz- und Schwellensituationen des Lebens.

Machovec: Sicher, aber so, daß er hinter allem steht, aber nicht alles regelt, daß er auch hinter allem, was wir wissen, steht, aber uns deswegen nicht das Wissen abnimmt.

Pöhlmann: Der Mensch wäre andernfalls die Marionette eines Fernsteuermanns und er würde aufhören, Mensch zu sein, nämlich das – im Unterschied zum Tier – freie und mündige

Wesen. Gott selber wollte, daß der Mensch die Welt selbständig verwaltet, wenn er ihm den Auftrag gab, die Erde sich »untertan« zu »machen« (1. Mose 1,28) und sie zu »bebauen« und zu »bewahren« (1. Mose 2,15). Gott ist so frei, daß er sogar frei genug ist, auf seine Freiheit zu verzichten und anderen freien Wesen Existenz und Eigenstand zu gönnen. Was ist die Schöpfung anderes als dieser Akt göttlicher Selbstbeschränkung aus Liebe.

Machovec: Gut. Gott ist nicht zuständig für den Bereich des Wissens, sondern für den des Gewissens. Wissen ist nicht alles und wir wissen nicht alles. Es gibt noch die viel wichtigere Ebene des Gewissens und des Gefühls. Gott ist ein Gefühl, aber ich darf mit diesem Gefühl nicht in der Wissenschaft arbeiten. Das und nichts sonst meint der methodologische Atheismus.

Pöhlmann: Ich kann dir hier nicht ganz zustimmen. Gott ist sehr wohl für alles zuständig, nicht nur für eine religiöse Seelenprovinz. Andernfalls wäre Gott nicht Gott. Er erfaßt mich als Mensch *ganz* mit meinem Wissen und Gefühl, und er ist nicht nur Gefühlssache. Ja, er beherrscht mich ganz und macht mich gerade dadurch frei davon, mich von der Welt und den Menschen beherrschen zu lassen. Es gibt keinen Bereich, der seiner Herrschaft entzogen wäre, andernfalls wäre Gott nicht Gott, d. h. die allesbestimmende Macht.

Machovec: Also doch ein Diktator, der alles überwacht und kontrolliert.

Pöhlmann: Nein, gerade nicht. Diese allesbestimmende Macht ist so groß, daß sie darauf verzichtet, alles bestimmen zu wollen.

Machovec: Gott ist für dich eine befreiende Macht, keine bedrückende Macht.

Pöhlmann: Ich sagte schon früher: Er ist die Macht, die stärker ist als alles, was mich unfrei macht, er ist die Macht, die stärker ist als alles, was mir Angst macht.

Machovec: Also keine düstere Schicksalsmacht.

Pöhlmann: Gott ist keine blinde Schicksalsmacht, deren Spielball wir sind – wie bei Franz Kafka. Er ist ein Du, das mich unbedingt liebt.
Machovec: Man kann auch das Schicksal lieben, wie Nietzsche es tat.
Pöhlmann: Das ist sicher heute Mode, ein »Rendezvous mit dem Jenseits« zu machen. Aber mit der Nemesis[41] zu schäkern, heißt noch nicht, an Gott zu glauben. An diesen Gott, der in Jesus Christus Du zu mir sagt und auf Du mit mir ist.
Machovec: Wieder stoßen wir an die Grenze unserer Verständigung. Ich warnte dich schon: Dieses außermenschliche Du ist ein Phantom.
Pöhlmann: Ich habe schon früher dieses Mißverständnis des göttlichen Du auszuräumen versucht. Gott ist zwar ein Du für sich, nicht nur die Beziehung zwischen zwei menschlichen Du's. Aber er ist trotz alledem ein menschgewordenes und menschliches Du, nicht ein astrales Du, wie du mir immer wieder unterschiebst. Wäre dieses Du aber nichts anderes als ein menschliches Du und kein Du für sich, dann könnte es mir nicht helfen. Es *erscheint* zwar in einem menschlichen Du, ist aber mehr als ein menschliches Du, eben ein Du, das mich unwiderruflich annimmt. An diesem Punkt scheiden sich immer wieder unsere Wege.
Machovec: Es verbietet sich für den methodologischen Atheismus, aus Gott so ein präzises Wissen zu machen, das ich mir aneignen und über das ich verfügen kann, als wäre er ein Gegenstand der Wissenschaft. Der methodologische Atheismus klammert Gott aus der Wissenschaft aus, wie ich schon sagte. Er kann nur feststellen, daß es etwas Höheres gibt, das mich anrührt, aber nicht, worin dieses Höhere besteht.
Pöhlmann: Bist du eigentlich noch Atheist, wenn du an so etwas Höheres glaubst?
Machovec: Im Sinne des methodologischen Atheismus bin ich

41. Griech. Göttin der vergeltenden Gerechtigkeit.

Atheist. Ich bekenne mich als Atheist. Obschon ich eine sterbliche Null bin, habe ich einen Bezug zu etwas Höherem, zu etwas, das mehr ist als ich. Das ist kein Argument für Gottes Existenz, aber es macht mich ansprechbar für die Gedankenwege der Theologen und gibt mir ein gewisses Sensorium für sie.

Pöhlmann: Ich habe einen Bezug zu etwas Höherem – das klingt mir zu mystisch verschwommen. Es fehlen mir hier die klaren Konturen. Der Mensch muß doch wissen, woran er sich halten kann im Leben und im Sterben. Glaube ist nicht nur ein vages Gefühl, sondern ein klar umschriebenes Wissen. Im gekreuzigtem Gott bekommt mein Glaube diese klaren Konturen, die ich brauche, um zu wissen, woran ich mich halten kann. Christentum ist nicht eine Beziehung zu etwas undefinierbarem »Höherem«. Christentum ist Christusmystik. Paulus schreibt: »Ich lebe, doch nun nicht ich, sondern Christus lebt in mir« (Gal. 2,20). Ich bleibe dann nicht mehr im Ungewissen, sondern bin »gewiß, daß weder Tod noch Leben«, noch sonst etwas mich »scheiden kann von der Liebe Gottes« (Röm 8,38f.).

Machovec: Ich kann deine Gewißheiten nicht teilen, die mich festlegen würden, was mein Bekenntnis zu etwas Höherem nicht tut, die auch das Göttliche festlegen und zu einem sicheren Wissensbesitz machen wollen, wodurch es aufhört, ein unfaßliches Geheimnis zu sein, das es doch auch für dich ist.

Pöhlmann: Aber das unfaßliche Geheimnis Gottes wird paradoxerweise faßbar in Jesus Christus.

Machovec: Du verwechselst die Ebenen von Glauben und Wissen, Gefühl und Verstand, Ebenen, die du früher sehr wohl unterscheiden konntest. Der methodologische Atheismus ist für mich eine Art Pflicht, weil er die beiden Ebenen klar unterscheidet. Das heißt nicht, daß wir ein Dogma von der Nichtexistenz Gottes haben oder daß wir uns mystischen Erlebnissen verschließen wie etwa denen der Musik. Ich denke an das Adagio in Beethovens Neunter Symphonie oder an den Lohengrin

und Parsifal Richard Wagners, an Mahlers Auferstehungssymphonie, an Musikstücke von Dvořák und Prokofieff. Diese Musik vermittelt mir ein Erlebnis von etwas Transzendentem, sie läßt mich »das Göttliche« fühlen.
Pöhlmann: Da sich Gott nach dem christlichen Glauben nicht nur in der Bibel, sondern auch in der Schöpfung offenbart (Röm 1,19f.; Apostelgesch. 14,16f; 17,23.27f.), kann ich dir nur zustimmen. Aber Gott ist mehr.
Machovec: Du denkst dabei vermutlich an die christliche Lehre von der Dreieinigkeit Gottes, wonach Gott drei und doch einer ist. Hat man dadurch nicht aus Gott ein Monstrum gemacht, an das ein redlicher Mensch nicht mehr glauben kann?

Sinn und Unsinn der Dreieinigkeit

Pöhlmann: »Gott ist in dir, nicht in Begriffen und Büchern«, sagte Hermann Hesse einmal. Die Lehre von der Dreieinigkeit ist nichts weiter als einer der vielen Versuche, das Geheimnis Gottes zu umschreiben, das wir nie durch Worte einholen können. Von Zwingli[42] stammt das schöne Wort: »Was Gott ist, wissen wir so wenig wie ein Käfer weiß, was ein Mensch ist«. Gott ist Geheimnis, kein geheimnisloses Ding dieser Welt. Was die Theologie von Gott sagt, ist eigentlich nur ein schmaler, dem Geheimnis abgerungener Grenzstreifen, der mehr darüber Auskunft gibt, wer Gott nicht ist, als darüber, wer er ist.
Machovec: Also ist die Dreieinigkeit Gottes ein müßiges Glasperlenspiel?
Pöhlmann: Die Lehre von der Dreieinigkeit sagt meines Erachtens etwas ganz wichtiges aus. In der Tatsache, daß Gott nicht nur Einer, sondern Drei und doch Einer ist, kommt zum Ausdruck, daß Gott ein sozialer Gott ist, kein egoistischer

42. 1484–1531.

Solo-Gott, daß er schon in seiner *Wesensstruktur* Liebe ist und folglich gar nicht anders kann, als auch uns zu lieben, daß er sich auf Liebe festgelegt hat. In der Bibel heißt es: »Gott ist Liebe« (1.Joh. 4,8), nicht: Er hat Liebe, so wie wir Menschen Liebe haben oder nicht haben. Seine Liebe ist unwiderruflich und nur dadurch verläßlich. Es geht um die Struktur des Ich-Du-Wir, die zur echten Liebe gehört und von der wir schon in anderem Zusammenhang sprachen. Augustinus meint, Gott Vater ist der Liebende, Gott Sohn der Geliebte, Gott der Heilige Geist die Liebe zwischen den beiden.[43] Zur Liebe gehören mehr. Einer allein kann nicht lieben.

Machovec: Was sollen diese abstrusen Spekulationen? Was ist das für ein Gott, der »sich festlegt« und »nicht anders kann«, wie Du sagst?

Pöhlmann: Gott ist – wie ich schon sagte – frei genug, auf seine Freiheit zu verzichten – aus Liebe. Diese höchste Freiheit, die so frei ist, daß sie auf die Freiheit verzichtet, gibt es doch auch zwischen Menschen. Was ist daran abstrus? In der Dreieinigkeit geht es nicht um Spekulationen, sondern um etwas ganz Konkretes, daß Gott Liebe ist, daß er ein geschichtlicher Gott ist, kein abstrakter Gott, ein Gott, der heruntersteigt zu uns und nicht oben bleibt, eben nicht etwas »Höheres« ist, sondern niedrig wird, es nicht besser haben will, sondern wird wie wir. Die Aussage, Gott ist Vater, Sohn und Heiliger Geist meint ja: Gott ist über uns, bei uns, in uns. Hier kommt ein Gefälle zum Ausdruck. Die Theologie spricht von der Kondeszendenz[44], vom Abstieg Gottes.

Machovec: Ich habe immer noch nicht verstanden, worin der Lebenswert dieser Lehre bestehen soll?

Pöhlmann: Ein Gott, der nur einer und nicht drei und doch einer ist, wäre ein autoritärer Gott, kein »demokratischer« Gott. Umgekehrt ist die innergöttliche Demokratie Modell für

43. Lat. amans et quod amatur et amor.

44. vom lat. condescendere = heruntersteigen.

jede echte Demokratie, die innergöttliche Demokratie der Drei, die eins sind.

Machovec: Da wäre ja der Polytheismus[45] eine viel überzeugendere Lösung.

Pöhlmann: Wieso? Hier fehlt die Einheit, mit der jede echte Demokratie steht und fällt im Unterschied zu dem Zerrbild von ihr, wo man nicht mehr aufeinander hört, sondern aneinander vorbei redet; wo man nicht die Verantwortung fürs Ganze im Auge hat, sondern sich gegenseitig bekämpft und schlecht macht, um für sich Wähler zu gewinnen.

Machovec: Ich kann mit diesen akrobatischen Höhenflügen der göttlichen Mathematik nichts anfangen. Mein methodologischer Atheismus, der auf dem Boden der Wirklichkeit bleibt, bewahrt mich davor, Glaube und Wissen zu vermischen, und er hilft mir, das Göttliche göttlich und das Weltliche weltlich sein zu lassen.

Pöhlmann: Hat der methodologische Atheismus eine Zukunft?

Machovec: Ja. Ich meine, er muß die Zukunft haben, vor allem deswegen, weil nur wenige Theologen und Pfarrer wirklich auf dem Niveau unserer Zeit stehen und die Sache Jesu Christi überzeugend vermitteln können. Ich denke hier an die niveaulosen katholischen und protestantischen Rundfunk-Gottesdienste aus Österreich und Deutschland, die ich jahrelang gehört habe und die mich wegen ihrer Realitätsferne abgestoßen haben. Statt das Elend in der Welt anzuprangern, streuen sie Konfetti über das Elend mit ihren frommen Sprüchen vom lieben Gott, von der Liebe der Menschen und der Schönheit des Lebens. Hier hat sogar der marxistische Atheismus trotz seines Disasters eine wichtige Aufgabe in der Zukunft, vor allem in den armen Ländern.

Die Kirche in Rußland, Polen, der Tschechoslowakei und der DDR hat in den letzten Jahren sehr viel an Glaubwürdigkeit

45. Die Lehre, daß es viele Götter gibt.

gewonnen durch die Brutalität der herrschenden Atheisten, unter der sie leiden mußte. Anders das Christentum im Westen.

Was gibt Halt im Tode?

Pöhlmann: Woran haltet ihr euch als Atheisten eigentlich wenn Ihr sterben müßt? Haltet Ihr euch an eine Ideologie?
Machovec: Ich sehe den Tod nicht negativ als Null- und Schlußpunkt wie Epikur[46], der sagte: »Solange wir leben, betrifft uns der Tod nicht. Wenn wir sterben, betrifft er uns auch nicht. Also müssen wir uns für den Tod nicht interessieren.« Mir scheint diese Sicht des Todes beschränkt, egoistisch und individualistisch zu sein. Wir leben doch nicht nur als Individuen, wir leben doch in Familien, in Generationen, in denen mein Werk nach dem Tod fortlebt. So ist der Tod eine ganz wichtige Tatsache des menschlichen Lebens. War unser Leben erfüllt von fruchtbarer Arbeit und von der Liebe zu anderen Menschen, dann scheiden wir nicht aus derselben Welt, in der wir geboren wurden. Wir sterben dann nicht als zufällige Gäste, sondern als Mitschöpfer dieser Welt. Als Materialist bin ich Monist[47], für den es nur *eine* Welt gibt, mit der ich im Tod eins werde. Mit dieser »kosmischen Frömmigkeit« (Einstein) kann ich getrost sterben. Ich gehe heiter und gelassen in den Tod, in der Hoffnung, daß ich mit allem eins bin und alles eins sein wird.
Pöhlmann: Auch der Christ hofft, daß nach dem Tode alles eins sein wird durch den, der alles eint und das Ein und Alles ist,

46. Griech. Philosoph († 270), der die Unsterblichkeit der Seele ablehnte.
47. Monismus vom griech. monos – allein, einzig, Lehre von der Einzigkeit und Einheit der Welt – im Gegensatz zum Dualismus (zwei Welten).

Gott (1. Kor. 15,28). Am Ende steht auch bei uns die Einheit wie bei dir. Freilich eine personale Einheit, nicht nur eine kosmische Einheit, die Einheit mit Gott, nicht nur mit dem »Göttlichen«, die Einheit mit diesem Freund, der immer bei mir bleibt und von dem mich nichts trennen kann, nicht einmal der Tod. Dies und nur dies allein gibt mir Halt im Bodenlosen. Auch hier geht es wieder um das Du, das unerläßlich ist für meinen Glauben. Eine bloß kosmische Einheit ließe mich kalt. Ich hoffe, auf dem Sterbebett beten zu können. Ich hoffe, dann das Lied meines Elternhauses beten zu können. »So nimm denn meine Hände und führe mich ...«

Machovec: Aber wenn du so redest, geht es dir nicht wie mit vielen Menschen heute, die den Tod tabuisieren und seine Existenz nicht wahrhaben wollen?

Pöhlmann: Der Tod ist für mich auch das Ende, und gerade dadurch der Anfang, wie ja auch in der Natur etwas Neues nur entstehen kann, wenn etwas Altes stirbt. Der Tod ist auch für mich Christen etwas Schreckliches, eine Falltüre zum Nichts. Aber ich glaube – allem zum Trotz –, daß dieser Fall ins Dunkel ein Fall in Gottes Vaterarme ist, die er am Kreuz nach mir ausstreckt in seinem Sohn. Du warfst mir oft vor, ich wollte den Glauben absichern, als ginge es hier um eine Vollkaskoversicherung. Gerade der Tod zeigt aber: Der Glaube ist ein entsicherndes Wagnis, wo ich alle Sicherungen fahren lasse und mich einfach fallen lasse.

Machovec: Wir Atheisten nehmen demütig an, was auf uns wartet, was auf alle Menschen wartet. Dabei ist es mir nicht so wichtig, ob es ein Leben nach dem Tode gibt – wie für den tschechischen Philosophen Thomas Massaryk[48], der einmal sagte: »Ich will ich bleiben auch nach dem Tode«. Man kann so etwas erhoffen, aber die Frage ist, ob es wirklich so ist. Diese individualistische verengte Hoffnung auf ein Leben nach dem

48. † 1937; erster tschechoslowakischer Präsident und Leitfigur der Wende 1989.

Tode ist in meinen Augen fragwürdig und oft von einem Egoismus geleitet.

Pöhlmann: Ich kann Dir hier nur aus vollstem Herzen zustimmen. Wir Christen haben oft über dem Heilsegoismus der privaten Erlösung die Erlösung des Kosmos übersehen, die die Bibel ja genauso bezeugt. Wir werden *mit* dem Kosmos, nicht *von* ihm erlöst, wie Rudolf Bultmann[49] u. a. meinten.

Machovec: Der Tod ist der Testfall dafür, was Halt gibt, die Einheit mit einem persönlichen Gott oder die Einheit mit dem Kosmos.

Pöhlmann: Beides schließt sich für mich ein, nicht aus. Gott ist eins mit dem Kosmos und eins mit mir (1. Kor. 15,28; Eph. 1,23; Kol. 1,17–20). Wenn Gott das Herz des Kosmos ist, eint er mich logischerweise mit dem Kosmos, wenn er mich mit sich eint.

Der Glaube an das Eine, das alles zusammenhält

Machovec: Vielleicht wird uns durch das Gesagte die Richtung gewiesen zu einem möglichen Konsens zwischen uns, daß nämlich die Transzendenz oder das Göttliche in der Einheit besteht inmitten des real existierenden Wahnsinns der Zerspaltenheit, der Zerspaltenheit zwischen Mensch und Kosmos, der Zerspaltenheit zwischen den Menschen, ihren Rassen, Klassen, Ideologien, Parteien, Religionen, Konfessionen.

Pöhlmann: Sagen wir noch präziser, der Konsens zeichnet sich trotz allen Dissenses darin ab, daß für uns beide die Transzendenz in dem All-Einen (1. Kor. 15,28; Eph. 1,23; 4,6) besteht, ohne das alles auseinanderfällt und das alles in Liebe eint (Kol. 1,20). Dabei blieb offen, *wie* wir diese Transzendenz im einzelnen bestimmen, ob als Du, Wir oder Ich, ob als exklusives Du oder inklusives Du, ob als eigenes Du oder als das Du,

49. Ev. Theologe (1884–1976).

das mit dem zwischenmenschlichen Ich-Du identisch ist, ob als Du, das über die Liebesrelation zwischen zwei Menschen hinausgeht oder in ihr aufgeht, ob als kosmisches oder individuelles Du. Für meinen Glauben war dabei das exklusive Du dieser Transzendenz entscheidend, das mir die Exklusivität seiner Liebe vergewissert, die mich unabhängig davon, ob ich liebe, liebt, die mich unbedingt liebt und die Liebe von keinen Bedingungen abhängig macht.

Machovec: Demgegenüber will ich die Position des dialogischen oder methodologischen Atheismus nochmals in Anschluß an Thomas Massaryk verdeutlichen, der ähnlich dachte wie ich. Er war ein Sokrates[50] der Neuzeit. Seine Weisheit bestand darin, in entgegengesetzten Richtungen Fragen zu stellen. Eine Art Antimimikryfähigkeit, die sich nie anpaßt und immer gegen den Strich gebürstet fragt. Unter den Theologen war er fast Atheist. Er stellte die Wahrheitsinhaber unter den Theologen in Frage: Warum wißt ihr so sicher, daß es einen Gott gibt? Wie könnt ihr den Menschen wirklich lieben, wenn ihr ihn nicht kennt? Wie könnt ihr den Menschen real helfen ohne Kenntnisse der Ökonomie, Soziologie und Politologie? Ist eure christliche Nächstenliebe nicht nur Sentimentalität, wenn ihr die Menschen liebt wie eine englische Lady ihren Hund liebt? Die Mehrheit der damaligen Theologen hielt ihn für einen Atheisten und Agnostiker[51], obschon er Gott nicht in Zweifel zog. Wenn Massaryk umgekehrt unter stolzen Wissenschaftlern und Agnostikern war, stellte er die Frage ganz anders: Was ist der humane Nutzwert eurer Wissenschaft? Wie könnt Ihr garantieren, daß ihr euer Wissen nicht mißbraucht? Was ist das Wissen wert ohne Gewissen? Und wenn sie behaupteten, es gibt keinen Gott, dann fragte er sie: Woher wißt ihr das so genau? Betet, statt alles in Zweifel zu ziehen!

50. Griech. Philosoph († 399 v. Chr.)
51. Skeptiker, der die Erkennbarkeit aller Dinge, vor allem der Gottes und der Übernatur abstreitet.

Pöhlmann: Auf beiden Seiten verfuhr man ja nach demselben positivistischen Strickmuster, Wahrheit im Tresor der Wissenschaft sicherzustellen, alles rational durchschaubar zu machen, statt vor dem Geheimnis Halt zu machen. Die Dimension des Geheimnishaften, Gnadenhaften, Gewährten, gibt es in dieser total durchröntgen Welt nicht mehr. Für das »Göttliche« – wie du es nennst – ist hier kein Raum mehr. Ich habe Angst vor diesem Typ des Wissenshamsterers, der sich immer mehr breitmacht. Nietzsche sprach vom »Bildungskosaken«, der sich der Welt bemächtigt und vor nichts haltmacht.
Theologie ist letztlich Kapitulation vor dem Geheimnis.
Machovec: Das gilt auch für die Philosophie.

Hoffnung auf die bessere Welt

Pöhlmann: Gegenüber jeder arroganten Sicherstellung von Wahrheit könnte man im Anschluß an Erich Fromm sagen: Statt haben sein, statt raffen teilen, statt horten staunen, statt befriedigen hoffen. Wir haben uns ja schon früher gegen den Konsumismus ausgesprochen als den Feind Nr. 1. In dem Bestseller deines tschechischen Landsmannes Milan Kundera »Die unerträgliche Leichtigkeit des Seins« (1987), der auch im Westen viel Furore machte, scheint dieser Konsumismus als die Ideologie der Zukunft angepriesen zu werden. Kundera macht sich lustig über den »Kitsch des Großen Marsches«, und er kennt nur eine Lebensmaxime: »Die süße Leichtigkeit des Seins zu genießen«, da es keine »Grundlage des Seins« gibt. Er meint: »Optimismus ist das Opium der Menschheit.« Auch Günter Grass amüsiert sich über die pausbäckige Hoffnung, die getrogen hat, und er wendet sich gegen die »Hofferei«, die zu nichts führt.
Machovec: Bloch hat immer betont: Corruptio optimi pessima = die Zerstörung des Besten ist das Schlimmste. Die schlimmsten Sachen entstehen immer aus den besten Sachen, nicht aus

dem Durchschnitt. Doch das Beste hört nicht auf, das Beste zu sein, wenn es mißbraucht wird. Das gilt vom Marxismus wie vom Christentum. Der Mißbrauch des Besten rechtfertigt noch lange nicht, mittelmäßig zu leben. Gerade heute, wo alles unter den Bagger der Eindimensionalität[52] gerät, ist es bitter nötig, auf das Bessere zu hoffen, ob man es nun Gott nennt oder Sinn des Lebens oder wie immer.

Pöhlmann: Der Mensch hört sonst auf, Mensch zu sein. Der Mensch steht auf dem Spiel.

Machovec: Alle individualistischen Wünsche, schön und in guten Verhältnissen leben zu wollen, sind selbstmörderisch. Wir müssen den Predigern des Mittelmäßigen widerstehen.

Pöhlmann: Vielleicht ist es auch nötig, nach dem langen Marsch durch die Illusionen schweigend in Ehrfurcht stehen zu bleiben und wieder zu lernen, aus dem Geschenk zu leben.

Machovec: Doch das dispensiert uns nicht vom radikalen Umbruch und Aufbruch. Jesus sagte: »Ich bin gekommen, ein Feuer auf die Erde zu werfen, und nichts wünschte ich mehr, als daß es brennte!« (Luk. 12,49). Dabei geht es nicht um eine Religion oder Weltanschauung, es geht um den Menschen, um seine Zukunft und seine Gegenwart, um sein Siegen und Versagen, um seine Liebe und seinen Schmerz.

52. Der eindimensionale Mensch ist der Mensch, der nur konsumiert und seine zweite, geistige Dimension eingebüßt hat.

Die Autoren

Der Philosoph *Milan Machovec* wurde 1925 als Sohn eines Gymnasiallehrers in Prag geboren. Die brutale Naziherrschaft während der Protektoratszeit haben ihn in seiner Jugend bleibend geprägt. Aus dieser Zeit stammt seine hussitische Leidenschaft für die Freiheit und für eine radikale Humanität. Nach dem Krieg wandte er sich dem Marxismus zu. Von ihm erwartete er die radikale Wende, während die herkömmlichen Institutionen für ihn unglaubwürdig geworden waren. Seine Sinnphilosophie zeigt sich aber auch vom Existentialismus und Dialogismus beeinflußt. Obschon Atheist, blieb er zeitlebens dem Christentum verbunden, wie etwa sein Buch über Augustinus, aber auch prägende Erinnerungen an den Katholizismus seiner Kindheit zeigen. Nach dem Studium der Philosophie und klassischen Philologie wurde er 1953 auf einen Lehrstuhl für Philosophie an der Prager Karls-Universität berufen, den er bis 1970 innehatte. Sein wissenschaftliches Spezialgebiet wurde die Religionskritik und die Auseinandersetzung mit der Theologie, die er sehr gut kennt. Seit den 60er Jahren zählt er zu den Hauptvertretern des marxistisch-christlichen Dialogs, in dem er viel von Theologen wie Karl Barth, Joseph Hromádka, Helmut Gollwitzer, Karl Rahner, Jürgen Moltmann und Johann Baptist Metz gelernt hat.

Er beteiligte sich an vorderster Front am »Prager Frühling« und war 1968 Berater der Regierung Dubčeks. Wegen der Teilnahme am Prager Frühling wurde ihm 1970 seine Professur entzogen. Seither verdiente er sich seinen Lebensunterhalt mit einer Organistentätigkeit, die ihm 1977 wegen seiner Unterschrift unter die Charta 77 untersagt wurde. Ein striktes Berufsverbot brachte ihn um Einkünfte und Unterhalt – aber auch eine Rente wurde ihm verweigert. Andere Schikanen, Beschränkungen und Demütigungen, ja Mißhandlungen, folgten. Durch eine Unterstützungsaktion von Freunden aus dem Westen (»Aktion Sonnenblume«), die H. G. Pöhlmann seit 1977 organisierte, konnte er sich über Wasser halten und auch anderen Bedürftigen helfen. Er war ein Vorkämpfer und Mitorganisator der Prager November-Revolution 1989, und er hielt schon im Januar 1989 eine mutige Rede zum Gedenken an die Selbstverbrennung von Jan Palach vor 200 Studenten auf dem Wenzelsplatz, die u. a. die Revolution später auslöste. Machovec, der 1988 die Ehrendoktorwürde der Theologischen

Fakultät der Universität Bern erhielt, ist vor allem durch den Bestseller »Jesus für Atheisten« (1972 – GTB Siebenstern 1140, 2. Auflage, 1990–) bekannt geworden, der in vielen Sprachen und Auflagen erschien. Weitere Bücher von ihm, in denen er seinen Atheismus und seine marxistisch-existentialistische Sinnphilosophie vorstellt, sind »Marxismus und dialektische Theologie. Barth, Bonhoeffer und Hromádka in atheistisch-kommunistischer Sicht« (1965), »Vom Sinn des menschlichen Lebens (1971), »Marxisten und Christen – Brüder oder Gegner« (1978), »Die Rückkehr zur Weisheit. Philosophie angesichts des Abgrunds« (1988).

Horst Georg Pöhlmann, geb. 1933 in Niederbayern, war nach dem Studium der Philosphie und Theologie längere Zeit in der Kirche als Vikar, Gemeindepfarrer und Erwachsenenbildungsreferent tätig. Er promovierte 1963 in Erlangen mit der Arbeit »Analogia entis oder Analogia fidei« (1965 erschienen) und habilitierte sich 1969 in Heidelberg mit einer Untersuchung über die ökumenische Problematik der röm. kath. und der reformatorischen Lehre von der »Rechtfertigung« (1971 erschienen). Seit 1979 hat er den Lehrstuhl für Systematische Theologie an der Universität Osnabrück inne, wo er Religionslehrer ausbildet. Pöhlmann wurde vor allem bekannt durch den »Abriß der Dogmatik«, 5. Auflage 1990, sowie durch die Taschenbücher »Wer war Jesus von Nazareth?«, 6. Auflage 1988, und »Der Atheismus oder der Streit um Gott«, 5. Auflage 1986. Er hat im Auftrag der Kirche die Ausgabe der Bekenntnisschriften der Vereinigten Evangelisch-lutherischen Kirche Deutschlands »Unser Glaube« (2. Auflage 1987) besorgt und ist durch eine Reihe anderer Veröffentlichungen hervorgetreten: wie die Bücher »Gottesdenker« (1984), »Worin besteht der Sinn des Lebens?« (Hg.), »Religionsphilosophie« (1982 mit W. Brändle).

Machovec und Pöhlmann, die eine enge Freundschaft verbindet, diskutierten seit vielen Jahren miteinander über philosophisch-theologische Grenzfragen. Sie lernten einander kennen in den 60er Jahren durch das christlich-marxistische Gespräch.

Für Hilfe beim Korrekturlesen danken die Autoren Ines Perlick und Werner Willmann.